적분의 힘

적분의 힘

미국 한인 이민 현장 30년의 기록

김동찬 지음

특별한책

글을 시작하며
문명의 대격변기에서

지난 30여 년간 소수계 이민자로서, 그리고 유색인으로서 미국 사회 안에서 살아남기와 커뮤니티의 권익증진 도모라는 두 가지 큰 과제를 많은 고비들을 넘겨왔습니다. 때로는 답이 없는 것 같은 답답함에 좌절도 하고, 때로는 작은 희망 하나에 생의 모든 힘을 걸기도 했습니다. 그간 끄적거리며 써왔던 글들을 하나하나 정리하면서 개인의 안녕보다 한인 커뮤니티의 발전과 미래를 연구하고 고민했던 흔적들을 되짚어보다가 깨달은 것이 있습니다. 바로 그 모든 시간들이 저 혼자의 것은 결코 아니었다는 겁니다. 지금의 시민참여센터와 예전의 한인유권자센터를 지원해주신 모든 분들께 이 자리를 빌려 다시 한 번 머리 숙여

깊은 감사의 인사를 드립니다. 그리고 지금도 함께 시민참여센터를 이끌며 고생을 마다하지 않고 계시는 모든 이사님들께 무슨 말로도 부족할 고마운 마음을 전합니다.

세상 만물의 이치가 그렇듯 문명과 국가 역시 인간의 운명과 마찬가지로 생로병사의 틀에서 자유로울 수 없습니다. 태어나서 생존하는 데 백 년, 성장하는 데 백 년, 노화하고 사멸하는 데 백 년이면 제아무리 번영을 누리던 국가라 해도 역사의 뒤안길로 사라지게 됩니다. 그리고 그 뒤에 더 나은 문명과 국가의 탄생의 밑거름이 됩니다. 이것이 오늘날 인류가 걸어온 역사인 것입니다.

1945년 제2차 세계대전으로 미국과 소비에트 연방이 세계적 강대국으로 부상했지만 이후 1991년 건국 70년을 채우지 못하고 소비에트 연방이 붕괴하면서 미국이 결국 세계 지존의 자리를 차지하고 절대적 독주 체제를 확고히 했습니다. 그러나 러시아와 우크라이나의 전쟁으로 미국을 비롯한 서구와 러시아는 또다시 대결의 시대로 들어갔습니다. 여기에 중국의 부상으로 미국의 패권국의 지위는 눈에 띄게 흔들리기 시작했습니다. 감당할 수 없는 국가 부채와 제조 산업의 부재, 심각한 국론분열, 그리고 미국의 전통적 가치와 국가 정체성에 대한 자기 부정 역시 미국의 심각한 위기를 부채질하고 있습니다.

지금의 시대는 분명 문명의 격변기입니다. 빛의 속도로 기술이 발전하고 있다지만 몇 해 전 세계를 휩쓸었던 코로나 팬데믹 당시 문명의 선두주자였던 서구 세계는 속절없이 무너졌습니다. 그때 유일하게 침착하고 신속한 대응으로 급격한 사회변화 없이 일상생활을 정상적으로 유지하면서 생산 활동을 할 수 있었던 것이 바로 한국입니다.

1919년 대한민국 임시정부가 수립되고 106년이 흘렀습니다. 지난 백 년의 역사는 이루 말할 수 없는 고통의 역사였지만 대한민국은 놀라운 생존 본능으로 성장의 시대로 넘어가고 있습니다. 이런 시기에 재외동포 즉, 미주 한인 커뮤니티도 대한민국이 더욱 세계로 뻗어나갈 수 있는 발판의 역할을 해야 할 것입니다.

미주 한인들은 LA 폭동으로 큰 위기를 맞았지만, 근성의 민족답게 역경을 극복하고 미국 사회에 더욱 단단하게 뿌리를 내리기 시작했습니다. 미국의 인구의 0.6% 정도에 불과한 한인들이지만 1명의 연방 상원의원, 3명의 연방 하원의원, 그리고 수많은 지역 정치인들을 배출해냈습니다. 미국의 한인 커뮤니티의 도약과 성장을 증명해주고 있는 것입니다.

워싱턴주 상원의원을 지냈던 고 신효범 의원은 "미주동포의 운명은 좋든 나쁘든 미국과 한국과의 관계를 더욱 좋게 만들어야만 '코리안 아메리칸'입니다. 그렇지 않으면 한국인이 되거나 미국인이 되거나 둘 중에 하나가 되는 것입니다."라고 했습니다. 세계 곳곳에 뿌리를 내리고 있는 동포들이 자신들이 살고 있는 나라에서 영향력을 갖추고, 한민족 구성원이라는 정체성을 자랑스럽게 여기고, 한국과 거주국 두 나라 간의 발전을 위해 노력한다면 그것이 바로 위대한 한민족의 시대를 여는 데 한 걸음 더 다가가는 것입니다. 아울러 이를 위해 대한민국의 재외동포들이 대한민국 국적도 쉽게 취득할 수 있도록 이들을 포용하는 정책이 실시되기를 간절히 바랍니다.

어디에 사는지보다 내가 나를 어떻게 규정하는가가 더 중요합니다. 그러므로 피가 한 방울이라도 섞였으면 한민족으로 받아들여 적분의 힘으로 한민족을 결집시켜야 할 것입니다. 재외동포 한 사람 한 사람이 한민족의 소중한 자산이 될 수 있습니다. 비록 몸은 세계 곳곳에 흩어져 있으나 한민족의 뿌리를 자랑스럽게 생각하고, 이 문명의 대 격변기에 대한민국의 번영을 위해 우리 모두의 힘을 보태어 위대한 한민족의 시대를 다함께 열어가기를 바랍니다.

시민참여센터 대표 김동찬

글을 시작하며

문명의 대격변기에서 … 4

1장 | 미국의 정치 101

미국 제대로 알기 … 15

다인종 국가의 정치와 소수민족 … 22

로마의 길은 미국으로 통한다 … 31

선거와 민주주의 … 36

초라한 민낯 … 43

불안의 낮과 밤 … 50

2장 | 잡초가 마당을 삼키는 법

1992.4.29. … 61

잡초의 생존 제1법칙, 결집 … 67

준비된 누군가가 역사를 만든다 … 77

홀로코스트 후예들의 진정한 힘 … 89

동해와 일본해를 같이 써주세요 … 98

3장 | 8080을 향해

투표가 기회다 … 107

8080 … 114

참여하고 또 참여해야 한다 … 120

풀뿌리 운동의 대물림 … 129

정치도 안목 … 140

4장 | 운명은 개척하는 것이다

팬데믹의 심판대 … 151

비빌 언덕은 스스로 만드는 것이다 … 159

목소리를 높여봐(Speak Up!) … 168

갈망의 힘, 2천 번의 법칙 … 174

최초의 한인 상원의원의 탄생 … 179

5장 | 미래 세대를 위한 가장 확실한 투자

K 트렌드와 브랜드 파워 … 189

우리는 '코리안 & 아메리칸' … 195

해외 동포의 숙명 … 202

내가 뿌린 씨앗 한 알이 푸른 들을 이룰 때 … 207

'미분'보다는 '적분' … 216

제왕의 교육, '방구석'이 시작이다 … 225

'한인 커뮤니티 센터'가 필요하다 … 232

1장

미국의 정치 101

미국 제대로 알기

너의 지치고 가난한 자들을 내게 다오
자유롭게 숨 쉬기를 갈망하여 몰려든 무리들을
너의 해안에 쓰러진 수많은 불쌍한 자들을
집 없는 이들을 폭풍에 시달린 이들을 내게 보내라
나는 이 황금빛 문 옆에서 등불을 치켜들리라

뉴욕의 상징인 자유의 여신상은 미국 독립 100주년을 기념하는 프랑스의 선물이었다. 그러나 여신상의 받침대를 건설하기로 한 미국의 자금 부족으로 여신상의 건립 일정이 자꾸 연기되었다. 그런 가운데 기금 모금을 위해 열린 경매 행사에 시인 엠마 라자루스Emma Lazarus가 1883년에 쓴 시 「새로운 거상The

New Colossus」이 기증되었고, 그 일부가 자유의 여신상 받침대 동판에 새겨졌다.

희망을 잃은 사회적 약자들, 자유를 갈망하는 이들, 억압에서 벗어나 진정한 삶을 원하는 이들, 빈곤과 차별을 딛고 도약의 기회를 찾는 이들에게 피난처이자 새로운 안식처, 다시 한 번 인생을 새롭게 시작할 수 있는 꿈의 땅으로서 미국의 정체성을 이보다 더 명확히 정의할 수는 없을 것이다. 낯선 타국에서 펼쳐질 미지의 삶을 목전에 두고 뉴욕항에 도착한 이들의 고단한 여정의 끝에 '너를 위한 자리가 여기에 있다'고 말하는 인간성과 포용의 선언. 그것이 미국인 것이다. 미국은 그 태생부터가 자유에 대한 갈망이자 두려움을 넘어서는 도전이었다.

1776년 7월 4일. 미국 13개 주의 대표들이 필라델피아 인디펜던스 홀에 모여 제2차 대륙회의 후에 영국으로부터의 독립을 선언했다. 오늘날 세계의 정치, 경제, 문화를 쥐락펴락하는 초강대국 미국이 탄생한 이 역사적인 순간의 씨앗이 된 것은 다름 아닌 '홍차'였다. 1760년대부터 재정 적자를 메우기 위해 식민지에 여러 가지 명목으로 과도한 세금을 부과해온 영국 정부는 동인도 회사에 홍차의 독점 판매권을 부여하여 북미 식민지로 수입되는 차에 세금을 매길 수 있도록 했다. 이에 대한 식민지 사람들의 불만이 점점 커져가던 가운데 보스턴항에 차를 싣고 들어온 선박에서 하역을 거부하는 사람들과 하역을 강요하는 영국 정부가 충돌하면서 배에 실린 차 상자 수백 개를 바다에 던져버리는 일이 발생했다. 이것이 바로 그 유명한 '보스턴 차 사건'이다. 이에 대해 영국 의회는 보스턴 차 사건으로 발생한 약 9,750파운드를 배상하지 않으면, 해군을 동원해서 보스턴 항구를 봉쇄하는 법안을 통과시켰고, 결국 메사추세츠주의 자치권을 박탈하면서 식민지 전체의 반발을 불러일으켰다. 그 결과 제1차 대륙회의가 열리며 영국에 대한 저항이 본격적으로 시작되었고, 마침내 영국과 미국 간의 독립전쟁으로 이어지게 된 것이다.

그때까지의 국가란 왕과 귀족을 위한 나라였고, 이들이 만든 법 질서에 따라야 하는 것이 국민이었다. 그러나 미국 독립선언서는 국민을 국가를 위해서 존재하는 것이 아니라 스스로 주권을 가지고 정부를 구성하고 또 자신들의 안전과 행복을 지켜주지 않는 정부를 개혁하거나 폐지하는 권리를 가진 최고의 존재로 보았다. 왕정이 세상을 지배하던 시대에 가히 혁명적인 선언이 아닐 수 없었다. 그러나 독립선언서 한 장 공포했다고 독립이 찾아오지는 않았다. 미국이 독립을 이루기까지 미국과 영국은 8년의 길고 긴 전쟁을 치러야 했고 엄청난 희생이 뒤따랐다. 자유는 결코 공짜가 아니었다.

마침내 전쟁에서 승리한 미국이 연합규약Article of Confederation을 채택하여 연방의회를 구성하면서부터 미국은 독립된 국가로 탄생했다. 그러나 징세, 통상권, 상비군도 없는 오늘날의 유엔UN과 비슷한 구조였던 당시 미국은 오랜 전쟁으로 인한 재정 악화와 농민들의 반란 등으로 사회가 불안해지면서 강력한 중앙 정부의 필요성을 느끼고 연방 정부를 만들기로 뜻을 모았다. 그리고 13개 주마다 대표를 뽑아 의회를 구성하고 투표를 통해 대통령을 뽑기로 했다. 세계 최초로 국민이 국가의 대표를 선택하는 민주공화국이 탄생한 것이다. 그리고 권력이 어느 한곳으로 쏠리지 않고 균형을 이룰 수 있도록 입법, 사법, 행정으로 삼권분립이 된 정부 조직을 갖추었다.

세상의 모든 생명들이 태어나 성장하고 쇠약해지다 죽음을 맞이하는 것이 운명이듯 인류 역사 속의 국가 역시 마찬가지다. 새로운 국가가 탄생하고 나면 그 후 백 년은 생존의 기간이다. 이때 외세의 침략이나 심각한 내부 분열을 겪게 되면 한 방에 멸망할 수 있지만 무사히 이 기간을 넘기고 나면 백 년의 발전이 시작된다. 그리고 절정기를 지나면 급격한 노화를 겪고 거기에서 운이 좋으면 환골탈태를 하여 새로운 시대가 열리나 대부분은 역사에 흔적을 남기고 사라져갔다.

미국도 마찬가지였다. 독립된 국가로 출발한 뒤에도 여전히 두려운 강대국이었던 영국과 굴욕적인 통상조약을 맺어야 했으며 남과 북으로 분열되어 피비린내 나는 전쟁을 치른 뒤에야 하나의 국가로 재통일될 수 있었다. 미국의 역사책을 페이지당 1년으로 치면 250페이지가 채 되지 않는다. 그중 식민지에서 출발한 미국이 독립 후 생존의 고개를 넘기고 초고속으로 오늘날 세계 최고의 초강대국을 이루기까지의 과정은 그리 자랑스럽게 내보일 만한 챕터는 아니다. 서부 개척이라는 명목으로 아메리카 원주민들을 학살하여 그들의 땅을 차지하였고, 밖으로는 하와이와 괌, 푸에르토리코를 비롯한 태평양 섬들을 침략해서 미국의 영토로 만들며 제국주의 시대로 진입했다. 그리고 독립선언서에 모든 사람은 평등하게 창조되었다고 명시해 놓았음에도 남북전쟁을 통해 노예해방을 선언하고, 1865년 수정헌법 제13조를 통해 노예제도를 금지하기 전까지 87년 동안 흑인 노예제도를 운영했다.

오늘날의 세계 최강대국 미국을 만들어낸 힘은 석유와 전력을 중심으로 한 2차 산업혁명과 미국을 세계 최고의 제조업 강국에 올려놓은 노동자들이었다. 당시 미국은 수천만 명의 이민자들을 받아들였는데 미국은 원래 그 탄생의 주역이 '이민자'들이었다. 콜럼버스가 신대륙 북아메리카를 발견한 이래 이탈리아, 영국, 스페인 등에서 종교와 경제적 자유를 찾아 미국 대륙으로 건너온 이주민들이 대서양 연안에 정착하고 13개 주를 이루면서 시작된 것이 미국이다. 이후 미국은 국가적 토대를 쌓기 위해 새롭게 이주해오는 사람들을 두 팔 벌려 환영했다. 건국의 기틀을 다질 때부터 미국은 이민자들의 나라였고 다인종 다문화 국가는 미국의 DNA 그 자체인 셈이다.

1994년, 내가 처음으로 미국 땅을 밟기 전, 책과 미디어를 통해 알게 된 미국은 세계 최고의 선진 문명국, 전 세계의 모든 것을 관리 감독하며 자신의 통제권 밑에 두고자 하는 제국주의 열강, 자본주의의 극을 달리는 부유한 나라였다. 그러나 곰곰이 생각해 보니 내가 미국을 과연 얼마나 제대로 알고 있나 하는 의문이 들었다. 세계를 쥐락펴락한다는 나라에 대한 바탕 지식이 너무나 빈약하다는 생각이 들자 좀 더 배워보고 싶다는 마음이 스멀스멀 생겨났다. 당시 처음으로 보급되기 시작하던 퍼스널 컴퓨터PC 때문에 컴퓨터 사이언스에 대한 관심이 생긴 것도 나의 미국에 대한 호기심에 불을 지피기에 충분했다.

나는 막상 미국에 살기 시작하면서부터 미국을 다시 정의하기 시작했다. 내가 살아가는 터전을 제대로 알아야 하는 것은 당연하다. 미국 사회의 상징처럼 자리 잡은 '아메리칸드림'은 미국이 제공하는 공평한 기회와 자유로운 환경을 통해 누구나 자신의 꿈을 이룰 수 있다는 믿음이다. 노동의 가치와 개인의 자유, 능력과 열정을 통해 새로운 삶을 개척할 수 있다는 낙관주의야말로 미국의 핵심 가치인 것이다.

우리가 누구인지를 규정하고 인식하는 정체성은 우리의 행동과 가치를 형성하는 가장 중요한 요소이다. 이 정체성은 개인에게뿐 아니라 국가에 있어서도 절대적으로 중요한 개념이다. 스스로 자신의 정체성을 확립하고 흔들림이 없을 때 자신감과 안정감이 찾아오는 것처럼 국가 역시 다를 바가 없다. 미국을 '꿈의 나라'로 만들어온 '정체성'이 무엇인지 다시 한 번 되돌아봐야 한다. 미국 건국의 주역들이 250여 년 전 "후손들아, 우리는 이런 미국을 건설해야 한다"라고 했던 독립혁명의 미션은 여전히 유효하다.

다인종 국가의 정치와 소수민족

애초 미국은 그 탄생의 주역이 하나의 민족이 아니었다. 미국을 건국했던 이들은 서로 다른 나라에서 모여든 다양한 민족들이었기에 어느 한 나라 출신이나 민족의 일방적 통치가 아닌 다양한 여러 민족과 국가 출신들의 합의에 의할 수밖에 없었다. 미국의 국가 시스템과 정치 제도의 근본은 기본적으로 이러한 서로 다름을 인정하는 다양성에 기반하고 있다. 미국이 오늘날의 초강대국으로 성장할 수 있었던 경제력의 바탕 역시 광대한 땅에 국가 기반 시설을 건설하기 위해 다양한 나라의 이민자들을 수용함에 있다. 이들이 바로 미국을 부강하게 만든 힘이었다.

미국이 10년마다 실시하는 인구조사에 따르면 2020년 미국은 58.4%가 백인, 19.5%가 히스패닉(스페인어 모국어 사용자), 흑

2020 인구조사 참여 캠페인
미국은 10년마다 인구조사를 통해 선거구 재조정과 연방정부의 지원금 배분액을 확정한다.

인이 13.7%, 아시안이 6.4%에 이른다. 2024년 인구추정 보고서에 따르면 미국의 인구가 330만 명이 늘어난 2000년대가 가장 빠른 성장세를 보였는데 이중 출생아 수에서 사망자 수를 뺀 자연 증가분은 52만 명에 불과한 반면, 이민자가 차지하는 비중이 84%에 달했다. 해마다 인구증가분의 대부분을 이루며 국가 성장의 주요 원동력이 되고 있는 것이 바로 이민자들인 것이다.

내가 처음 미국에 왔을 때 가장 인상 깊었던 것이 바로 이 '다양성'을 인정하는 사회 기조였다. 당시 '단일 민족'의 순수성과 결집을 내세우는 한국 사회에서 '다름'은 곧 '따돌림'과 '차별'을 불러왔다. 학교에서도 외모든 행동이든 신체 조건이든 무엇 하나가 조금만 달라도 놀림을 당하기 일쑤였고 장애인이나 소외계층에 대한 무시나 차별도 묵인되는 분위기였다. 그러나 미국은 달랐다. 일단 사람들의 피부색부터 천차만별이었고 생김새며 옷차림까지 '내 멋'에 사는 개성이 넘쳤다. 미국에 살기 시작하면서 느꼈던 가장 큰 '컬처 쇼크'는 바로 다인종 사회를 목격한 것이었다.

처음에는 관공서를 가든 가게를 가든 너무나 각각인 피부색에 서로 다른 모양새의 얼굴들이 적응이 되지 않아 허둥댔다. 그러다가 궁금해졌다. 이렇게 다른 사람들이 모여 사는 사회가 도대체 어떻게 제대로 굴러갈 수가 있는 걸까? 이 사람들은 서로 이렇게 다른데 어떻게 서로를 믿으며 이웃이 되고 친구가 되고 이웃이 되어 어울려 살아갈 수 있는 걸까? 그리고 깨달았다. 미국의 힘은 바로 '사람'에서 나오는 것이라는 것을 말이다. 눈에 보이는 '다름'은 아무런 문제도 되지 않았다. 사회는 개인의 얄팍한 '눈'이 아니라 모든 사람에게 '평등'하게 적용되는 준엄한 '법'에 의해 작동하고 있었다.

민주주의의 원칙은 다양성에 대한 인정에서 시작된다. 인류 역사를 들여다보면 다양성을 인정하지 않으려는 리더십이 권력을 잡고 특별집단의 우월성을 주장하며 '다름'을 이유로 차별을 하고 소수를 억압했던 나라는 내부적으로 분열을 겪으며 결국 몰락의 길을 걸었다. 지금은 역사 속에 그 이름만이 흔적처럼 남은 유고슬라비아의 운명이 그러했다.

유고왕국을 멸망시키고 대독 항쟁을 이끌며 다민족 다종교의 유고슬라비아 연방 공화국을 세웠던 요시프 브로즈 티토Josip Broz Tito는 그 탁월한 리더십으로 서방 국가들과 좋은 관계를 유지하며 사회주의권에서 가장 잘사는 나라를 만들었다. 그러나 그의 사후 정권 쟁취에 눈이 먼 민족주의자들이 다양성을 버리고 배타적 민족주의로 국민들을 선동하면서 참혹한 내전이 발생했다. 그리고 발칸반도를 호령하던 유고슬라비아는 세르비아, 보스니아, 몬테네그로, 마케도니아, 슬로베니아, 코소보, 그리고 크로아티아라는 이름의 소국으로 모두 흩어졌다. 2016년 여론조사에서 '유고슬라비아 연방 공화국 해체를 후회 하는가'라는 질문에 대부분의 나라들에서 '그렇다'라고 대답한 이들이 압도적으로 많았으며 분리 독립의 선봉에 섰던 슬로베니아에서조차 '그렇다'라고 대답한 이들이 더 많았다. 선거가 다가올 때마다 우리가 눈여겨봐야 할 것은 이러한 선례의 전철을 밟지 않도록 미국을 이끌고 갈 다양성을 존중하는 리더십이다. 숫자가 많은 인종과 민족이 미국사회에 보다 강한 영향을 미치게 되는 것은 어쩌면 당연할 것이다. 그러나 숫자가 전부는 아니다. 숫자가 많아도 유권자 등록과 투표율에 따라 해당 인종과 민족의 영향력이 달라진다. 숫자가 많은 집단은 내부에서 선택해야 할 후보들이 그만큼 많기 때문에 표가 나뉠 수밖에 없다. 숫자가 적어도 단단한 결집력을 가진 집단이 표심을 하나로 모은다면 판도를 바꿀 수도 있는 것이다.

2018년 6월 5일은 뉴저지 예비선거 날이었다. 인구 2만 명의 작은 타운인 팰리세이즈파크Palisades Park는 한인 인구가 무려 60%가 넘고 한인 유권자가 가장 많이 사는 곳이다. 이곳에서 시장 후보 3명 중 2명, 2명을 뽑는 시의원 후보 5명 전체가 한인들일 만큼 역사상 가장 많은 한인 후보들이 출마했다. 그리고 마침내 크리스 정Christopher Chung 시의원이 최초의 한인 시장이 되었다. 숫자로만 따져 생각하면 이미 이보다 훨씬 전에 시장도 한인, 전체 시의원 7명 중 적어도 과반수 이상이 한인들이어야 했었던 게 당연하지만 그러지 못했다. 게다가 아이러니하게도 한인들이 가장 크게 행정적 불편을 느끼는 지역이 바로 팰리세이즈파크였다. 그 이유는 너무나도 단순하다. 한인 유권자의 수가 불과 35%에 불과할 만큼 한인들이 투표를 하지 않기 때문이다. 구성원의 수가 아무리 많으면 무엇 하랴. 타운의 정책을 결정하고 이끌어갈 리더를 직접 선택할 권리를 행사하지 않는 다수는 결집된 소수보다 못한 대접을 받을 수밖에 없다.

정치인들은 기본적으로 자신의 지지 기반의 이익을 먼저 생각하게 된다. 미국 사회를 구성하는 다수 인종을 대변하는 정치인들이 대기업과 노조를 위한 정책을 우선시하고 소수민족들이 생계를 위해 주력하는 스몰 비즈니스에는 겉치레 같은 말로만 관심을 보이는 이유이다. 대기업들은 로비스트를 움직여 돈으로 정치인들을 관리하고 노조는 자신들이 지지하는 정치인들을 의회로 보내 자신들에게 유리한 정책을 만들도록 한다. 그러나 소수민족을 대변할 수 있는 정치인들의 힘은 너무나 미미한 수준이다. 그러니 자신의 이익을 지키기 위해 결집하지 못하는 소수 집단은 현실적으로 도태될 수밖에 없다.

다민족 다인종 사회에서 소수가 살아남는 길은 더 많은 리더를 의회로 보내는 것뿐이다. 그래서 그들이 보다 큰 목소리를 낼 수 있도록 힘을 모아주어야 한다. 특정 집단이 주도하는 사회를 떠받쳐주는 들러리 역할만 하지 않기 위해 소수가 가진 무기는 투표권밖에 없다. 비록 적은 수의 유권자를 가진 인종이나 민족이라도 결집하여 높은 유권자 등록률과 투표율을 이루어낸다면 오히려 더 큰 영향력을 발휘할 수 있다. 이것이 소수의 생존방식이다.

선거철이 되면 후보자들의 이런 점들에 주목해보길 바란다. 첫째, 평소 한인 커뮤니티와 함께 일을 했었는가. 둘째, 선거운동 기간 동안 한인 커뮤니티를 얼마나 자주 찾아 자신의 공약을 설명하였는가. 셋째, 한인 커뮤니티와 관련된 공약이 있으며 이와 관련한 활동을 한 적이 있는가. 비록 미국 인구의 0.67%밖에 안

되지만 우리도 주류에 당당히 한 자리를 차지할 수 있다. 산술적인 계산이 늘 현실에서 정답이 되는 것은 아니다. 오늘 불가능해 보이는 목표를 향한 우리의 도전이 소수로 살아가야 할 미래 세대의 운명을 바꿀 수도 있다.

토비앤 스타비스키 주 상원의원 시민참여센터를 방문하여 인턴들에게 자신의 활동을 설명하고 있다.

뉴욕시 시의원 후보자 초청 토론회
한인과 중국계 밀집 지역인 뉴욕시 제 20지역구 시의원 출마자들을 불러 질의하였다.

낫소 카운티장 후보자 토론회
2013년 롱아일랜드 낫소 카운티의 여러 커뮤니티들이 연합하여 카운티장 후보자를 불러서 질의하였다.

낫소 카운티장 후보자 초청 토론회
2017년 낫소 카운티장 선거를 앞두고 중국계와 한인들이 공동으로 후보자 초청하여 토론회를 개최했다.

로마의 길은
미국으로 통한다

　인류 역사상 가장 큰 제국은 어느 나라였을까? 몽골제국은 1206년 징기스칸의 시대로부터 가장 왕성하게 영토 확장을 하던 때에 아시아를 넘어 동유럽까지 뻗어나가며 인구 12억 1천만이 넘는 대제국을 이루었다. 그리고 1492년 표트르대제를 시작으로 제국에서 소비에트 연방으로 바뀌면서 미국과 쌍벽을 이루는 세계적 강대국으로 자리를 잡았던 러시아가 있다. 이 밖에도 아랍 제국, 스페인 제국, 페르시아 제국 등 강력한 제국들이 존재하였으나 그중 가장 막강한 힘을 자랑했던 것은 바로 아시아, 아프리카, 아메리카 대륙, 호주를 아우르는 3,367만 평방미터의 광대한 영토와 5억 3,000만이 넘는 인구를 가졌던, 해가 지지 않는 나라라고 불리던 대영 제국이었다. 그런 나라에서 독립을 선언하고 긴 전쟁을 거쳐 새로운 국가로 출발한 반항아 미국이 롤모델로 삼았던 나라가 있었으니, 바로 제국의 아버지 로마 제국이었다.

기원전 753년 왕정으로 시작해서 공화제로, 그리고 율리우스 시저의 양자 옥타비아누스가 악티움 해전에서 안토니우스를 제압하고 황제로 등극하면서 제국으로 변모했던 로마는 동로마 제국으로 분할했던 비잔티움 제국이 로마의 명맥을 이어가다 1453년 역사 속으로 사라지기까지 인류 역사상 가장 긴 제국의 역사를 펼쳐나갔다. 영국 케임브리지 대학의 메리 비어드 교수는 로마의 성장 비결로 집정관, 원로원, 민회로 구성된 로마의 공화정을 꼽았다. 독재로 변질되는 것을 막는 견제와 균형의 효율적 시스템이라는 것이다. 또한 공화정을 넘어 대제국으로 발돋움했던 근간으로 212년 카라칼라 황제가 실시했던 시민권 제도가 있었다.

숙적 카르타고를 멸망시키고 이탈리아 반도를 넘어 유일 제국으로 성장한 로마는 스스로 국경을 허물고 식민지도 로마로 인정하며 식민지 사람들에게 시민권을 부여하여 동등한 로마의 시민으로 받아들였다. 노예도 시민으로 인정하고 군복무를 마친 속주 출신들에게도 시민권을 주었다. 이것이 더욱 큰 제국으로 로마를 키운 원동력이 되었던 것이다. 2000여 년 전 전 세계를 호령했던 이 거대한 제국을 벤치마킹하며 인류 역사상 가장 늦게 탄생하여 가장 빠르게 초강대국의 지위에 오른 나라가 바로 미국이다.

현대 미국 정치 구조의 연방주의와 권력 분립, 견제와 균형이라는 3개 원칙은 로마 공화정과 거의 일치한다. 로마의 집정관은 대통령, 원로원은 상원, 민회는 하원과 대입된다. 민회가 간접적으로 집정관을 선출하는 방식 역시 미국의 대통령 선거와 비슷하다. 연방정부와 주정부로 이원화된 미국의 연방주의 역시 로마의 국가연합체 방식과 닮은꼴이다. 미국의 시민권 제도 역시 로마를 번영케 했던 시민권 제도를 본뜬 것이라고 볼 수 있다. 미국의 국조는 흰머리독수리인데 독수리는 로마 군단과 공화국의 상징이었다. 미국의 수도인 워싱턴에는 이러한 로마 제국의 입김이 더욱 확연하게 남아 있다. 국회의사당, 제퍼슨 기념관, 링컨 기념관, 연방 대법원과 같은 수많은 공공건물들이 웅장한 느낌의 로마 양식으로 지어진 것이다.

그러나 세상에 영원히 존재하는 것이 어디 있을까. 가파른 속도로 영토를 확장하던 로마 제국은 완벽에 가까웠던 정치제도가 제대로 작동하지 못하고 권력을 위한 암투로 정치적 불안정이 심화된 데다 부의 불균형이 점차 심각해지면서 시민들의 불만이 쌓여갔다. 로마의 영광을 위해 전쟁에 참여했던 시민군들은 전쟁 기간 동안 농사를 지을 수가 없었기에 토지를 귀족들에게 헐값으로 넘겨야 했던 반면 귀족들은 전쟁에서 포로로 잡아온 노예를 부려 대규모 농장을 운영하며 부를 축적했다. 부를 독점한 귀족들은 원로원과 집정관 권력을 장악했고, 이에 대항한 시민들은 호민관을 중심으로 자신들의 권리를 지키기 위해 투쟁했다. 로마를 강력하게 하나로 뭉치게 해주었던 로마인 특유의 시민 의식인 공동체 의식이 사라진 것이다. 그리고 로마는 점차 쇠락의 길로 접어들었다. 이러한 로마 제국의 흥망성쇠는 현대 미국에 시사하는 바가 크다.

소비에트 연방의 해체로 세계적 초강대국의 지위를 독점하게 된 미국은 911 테러 이후 20여 년 간 하루에 3억 달러씩 국방비를 쏟아 넣으며 아프가니스탄 전쟁을 치렀다. 이 기간 동안 미국 국민들의 생활은 피폐해졌고, 전쟁 관련 사업의 이권 다툼에 몰두했던 기득권층은 더욱 부유해졌다. 개혁과 수구 세력, 인종주의와 반인종주의, 친이민과 반이민 등 사회적 분열과 민심의 혼란은 그 어느 때보다 지금이 가장 심각한 상황이다. 이 시대를 살고 있는 우리는 소수계 이민자로서 어쩌면 카오스 시대의 입구에 서 있는지도 모른다. 혼란의 시대는 기존의 질서가 무너지고 새로운 질서를 찾아가는 시기이다. 역사의 흐름은 예나 지금이나 다를 바가 없다.

로마 제국이 그랬던 것처럼 영원히 군림하는 '절대 강자'는 없다. 밀림의 왕이라고 불리는 사자도 어느 순간에 초식동물인 코끼리에게 옆구리가 찔리기도 하고 하이에나 떼에게 당하기도 한다. 심지어 맹독을 품은 뱀이나 전갈 같은 독충에게 치명상을 입을 때도 있다. 사자가 왕의 자리를 지키려면 자신의 날카로운 이빨과 발톱만을 믿기보다 어떤 적을 만나느냐에 따라 물러서고 비켜갈 줄 아는 지혜가 필요하다. 결국 강자란 빠른 상황 판단과 강한 자기 통제력을 가진 최후의 생존자인 것이다.

  미국 건국의 아버지들의 바람대로 미국은 롤모델인 로마의 번영의 길을 착실하게 따라왔으나 현재의 미국을 다시 짚어볼 필요가 있다. 권력 남용을 막는 견제와 균형은 잘 작동하고 있으며 부의 불평등은 없고 국민들은 국가에 대한 자긍심에 근거한 공동체 정신으로 무장되어 있는가. 혹시 세계 최고의 제국이라는 교만에 빠져 구성원 간의 믿음과 신뢰를 불신과 격렬한 대립으로 만들었던 로마의 전철을 그대로 밟고 있지는 않은가. 오늘날의 미국이 다시 한 번 교과서로 삼아야 할 것은 로마 역사의 마지막 챕터일 것이다.

선거와 민주주의

　인류는 집단생활을 시작하면서부터 집단의 나아갈 길을 결정하고 책임지는 역할을 할 지도자를 필요로 했다. 초기에는 경험과 연륜이 가장 많은 연장자가 지도자로 뽑혔으나 부족을 넘어 국가 단위가 되면서부터는 수많은 이해관계가 복잡하게 얽힌 상황에서 사회적 합의를 이루며 지도자를 제대로 선출하기란 너무나 어려운 일이었다. 그래서 가장 강력한 무력을 가진 이들이 이를 무기 삼아 왕국을 세우고 백성 위에 군림하는 것이 대부분이었다.
　기원전 5세기경 작은 도시국가 중 하나였던 아테네는 부패한 귀족 중심의 정치 체제를 개혁하기 위해 여러 가지 법적 조치를 단행하면서 보다 폭넓은 계층이 정치에 참여할 수 있도록 했다. 이후 아테네의 권력은 민중의 권력이어야 한다고 주장했던 클레이스테네스Cleisthenes가 혁신적인 개혁을 도입하며 아테네의 민주주의가 싹트기 시작했다. 아테네 시민들을 10개의 부족으로 재편성하고 각 부족에서 선출된 대표들이 의회의 참여하도록 하면서 시민들의 정치 참여를 대폭 확대한 것이다.

오늘날 현대 민주주의의 원류도 사실 그리스 아테네의 민주주의에서 왔다고 볼 수 있다. 그러나 아테네가 몰락하고 미국이 등장하기까지 2,114년 동안 민중이 권력의 주인이 되는 민주주의는 인류사회에 등장하지 못했다. 미국이 독립과 함께 민주주의 국가로 출범하면서 비로소 민주주의의 역사가 시작된 것이다. 2차 세계대전이 끝날 무렵 민주주의 국가라고 볼 수 있는 나라는 전 세계에 10개국 정도에 불과했고, 지금은 100개국 정도로 늘어났으나 선거민주주의 국가가 62%이고 자유민주주의 국가는 45%에 불과하다. 선거민주주의는 국민이 자유롭고 평등한 선거를 통해 지도자를 결정하는 것이고 자유민주주의는 더 나아가 시민들이 법 앞에서 정치적으로 자유롭고 동등하며 지도자가 유권자에 대한 책임을 지는 것이다.

민주주의의 종주국이라고 불리는 미국도 진정한 민주주의가 정착하기까지 겪은 진통이 만만치 않았다. 남북전쟁의 결과로 흑인 노예해방이 이루어졌고, 백인 남성들만 가지고 있던 투표권이 흑인 남성에게도 주어졌다. 그러나 1877년 남부의 자치 권한을 돌려준다는 명분으로 남부에 배치되어 있던 연방군을 철수하자마자 남부 주들이 앞다투어 흑백 분리법인 짐 크로우법Jim Crow Law을 통과시키면서 흑인들의 투표 참여가 봉쇄당했고 당시 두 명의 연방 상원의원과 수십 명의 연방 하원의원을 배출했던 흑인들의 투표율은 90%에서 0%로 떨어졌다. 이후 거의 80여 년간 흑인들은 분리주의와 목숨까지 위협하는 인종차별, 인권탄압을 견뎌야 했다. 그리고 1964년 민권법Civil Rights Act of 1964이 통과되면서 마침내 미국은 진정한 의미에서의 민주주의를 실현하는 국가가 될 수 있었다.

    우리는 지금 민주주의 시민사회에서 살고 있다. 미국의 시민이라면 누구나 미국의 운명을 선택하고 결정할 권리를 가지고 있다. 우리는 이것을 투표권이라고 한다. 미국의 대통령 선거의 평균 투표율은 63%대이다. 이것은 인구조사상 투표가 가능한 연령인 만 18세 이상의 인구를 기준으로 한 것이지 실제 시민권자가 아닌 인구와 유권자 등록을 하지 않은 시민의 수를 고려하면 실제 투표율은 거의 80% 이상이라고 봐야 할 것이다.

    미국은 매년 선거가 있다. 4년마다 대통령 선거가 있고 이때마다 임기 6년의 상원의원 백 명 중 3분의 1을 새로 선출하며 임기 2년의 연방 하원의원 435명을 다시 선출한다. 그리고 뉴저지와 버지니아 주는 예외적으로 홀수 해에 주지사와 주 상·하원의원을 선출하고, 그 외의 주에서는 짝수 해에 이들을 선출한다.

카운티별, 타운별 시의원들을 선출하는 선거까지 합치면 미국에서는 해마다 권력 재편이 시시각각 일어나고 있다고 할 수 있다. 그 방향타를 쥐고 있는 것이 바로 시민 한 사람 한 사람이다. 이들이 행사하는 '한 표'의 향방이 결국 이 거대한 초강대국의 미래가 어디로 나아갈지를 결정하는 것이다.

왕정시대에는 왕과 국가가 동일시되었으나 민주주의 사회에서 대통령과 정부는 국가가 아니다. 국민이 임명하여 국가를 운영하도록 맡긴 '임시직'일 뿐이다. 이 임시직 공무원들이 국민의 행복과 안위를 위하여 일하고 있는지, 거짓과 부정부패를 일삼으며 공권력을 남용하고 있지는 않은지 두 눈 부릅뜨고 감시하며, 행여나 제대로 임무를 수행하지 못할 시에는 가차 없이 준엄한 심판의 날을 받게 해야 한다. 그 방법이 바로 선거인 것이다.

나는 대학교에 들어가기 전까지만 해도 뉴스나 어른들의 말을 그대로 사실이라고 믿었고 소위 '정치와 사회'라는 것에 대해 전혀 아는 것이 없었다. 그러다 대학교 신입생 시절 학생회관에서 열린 5·18 전시회의 사진을 보고 엄청난 충격을 받았다. 그런 일이 실제로 벌어졌다는 것이 믿기지가 않았기 때문이었다. 분노와 배신감이 한꺼번에 몰려왔다. 그렇지만 당시 캠퍼스를 휩쓸던 '학생운동'에 발을 담근 것은 아니었다. 공부하랴 아르바이트 하랴, 할 일이 너무나 많았다. 그러다가 아버지를 일찍 여읜 부선망 독자로 군대를 면제받고 다시 돌아간 학교에서 총학생회 홍보부장의 부탁으로 플래카드를 써주게 된 것이 소위 '운동권'과 인연을 맺게 된 시작이었다.

그리 적극적인 '운동권'도 아니었는데 어쩌다가 홍보부장과의 친분이 발단이 되어 수배령이 떨어지는 바람에 한동안 집에 들어가지 못하는 일이 생겼고, 그 '어쩌다가'가 이어져서 89년에는 총학생회 부총학생회장 선거에 출마해서 당선되기에 이르렀다. 그리고 남들은 사회에 나가기 전에 '본격적으로 정신 차리기' 시작한다는 4학년에 나는 '본격적으로 운동권하기'를 시작했다. 정치에 관심을 가진 것도 이때부터였을 것이다.

정치와 우리의 삶은 분리 불가능의 관계에 있다. 인간은 정치적 동물이고 정치는 나라든 직장이든 동호회든 인간집단이라면 어디에나 존재한다. 정치는 우리의 삶의 모든 부분에 영향을 미치고 가장 중요한 결정을 내리는 방향타다. 그런데도 나의 평범한 일상과는 거리가 멀게만 느껴지는 건 '정치'라는 말에 곧 '정치인'이나 '정치 싸움' 같은 것을 떠올리기 쉽기 때문이다. 정치인들을 싸잡아 '부패하고 돈만 밝히고 걸핏하면 권력을 잡고 흔들 생각만 하는 인간들'이라고 생각하는 편향된 이미지는 사실 정치인들에게 가장 편리한 평계를 만들어주는 구실이 된다. 이러나저러나 어차피 욕을 먹으니 괜히 제대로 뭔가를 하려고 애쓰지 말고 그냥 내 뱃속만 채우고 편하게 사는 게 낫다는 생각을 하게 만드는 것이다. 민주주의 사회에서 시민이 정치에 관심을 놓으면 정치는 바로 부패하게 되어 있다.

절대적 권위를 가진 소수가 아니라 집단의 구성원들 모두가 스스로 자기 집단의 운명을 선택하고 결정할 권리를 보장받기 위해 인류는 기나긴 투쟁의 과정을 거치며 엄청난 희생을 치러야 했다. '피의 대가'로 쟁취한 것이 민주주의인 것이다. 그 민주주의의 종주국 미국에서 미국의 운명을 선택하고 결정할 권리를 가진 것이 바로 우리들이다.

과거에는 좋은 지도자를 만나는 것이 운이었다. 그러나 지금은 국민들이 직접 선택으로 좋은 지도자나 나쁜 지도자를 뽑는다. 즉, 어떤 지도자를 세우느냐는 순전히 국민들의 수준에 달려 있다. 그러므로 어떤 지도자를 뽑느냐에 따라 집단의 운명이 갈리는 것은 당연지사다. 한 나라가 하루아침에 나락으로 떨어질 수도 있는 것이다.

대통령 선거 때마다 후보자들은 '위대한 미국, 더욱 강한 미국'을 외친다. 그러나 '존경받는 미국'이 되는 것이 더 우선이어야 하지 않을까? 강대국의 무력은 파괴와 증오심을 일으키지만 덕과 아량은 신뢰와 존경을 불러온다. 이제까지 인류 역사에서 '너그러운 강국'은 거의 없었다. 그러나 이제는 그런 나라가 나올 때도 되었다. 약자에 대해 힘의 논리가 아닌 아량과 베풂으로 세계적 리더십을 인정받는 강대국이 필요하다. 넓고 비옥한 땅, 풍부한 지하자원, 세계 최강의 군사력과 경제력, 그리고 과학기술을 가진 미국이야말로 후보 1순위라고 할 수 있다.

세상 만물이 탄생, 성장, 노화, 사멸하듯이 나라와 문명도 그렇다. 어쩌면 인류 초강대국 미국도 세계 패권을 상실하고 스페인, 영국처럼 될 수도 있다. 그리고 우린 지금 그 변곡점에 서 있을 수도 있다. 이제 미국의 시민들이 현명하게 판단하여 안정적이고 평화로운 새로운 미국으로 나아갈 수 있도록 이끌어갈 유능한 지도자를 선출해야 할 것이다. 패권국이 되어야만 국민들이 행복해지는 것이 아니다. 언제나 20, 30대의 혈기 왕성한 나이에 머무를 수 없고 40, 50대를 지나 존경받는 느긋한 노후를 사는 이들처럼 미국도 이제 욕심을 내려놓고 더 이상 힘자랑에 애쓰는 대신 세계를 포용하는 아량으로 존경을 받으며 국민들은 평안하고 행복한 그런 미국이 되어야 하지 않을까. 그러기 위해서는 제대로 된 지도자를 세워야 한다. 그래서 지속 가능한 평화와 안정 위에 새로운 번영의 시대를 열어갈 수 있도록 해야 한다. 이것이 바로 나의 투표권 하나가 세상을 바꿀 수 있는 힘이 되는 이유이다.

초라한 민낯

2023년 7월 19일, 플로리다주 교육위원회는 '흑인 노예들이 개인적으로 유용할 수 있는 기술을 어떻게 발전시켰는가'를 학생들에게 가르쳐야 한다는 새로운 중학교 교과과정 지침서를 만장일치로 통과시켰다. 이 지침서는 흑인 노예제도가 노예 개인의 삶에 도움이 되었다는 것을 기본 골자로 하여 흑인들의 입장에서 보면 노예제를 대놓고 찬성하는 것보다도 더 교활하게 흑인들을 조롱하며 노예제를 반성하기보다는 노예제의 정당성을 주장하고 있는 것이나 다름없다.

이런 결정이 있기 2년 전인 2021년 10월 초에도 플로리다주 교육위원회는 2021년 새 학기가 시작되기 전 '비판적 인종이론Critical Race Theory, CRT'을 가르치지 말라는 새로운 규정을 주지사 주도로 밀어붙였고 플로리다를 선두로 공화당이 주도하는 보수 성향의 다른 주들도 같은 정책을 빠르게 도입했던 적이 있다. 이번 플로리다 교육위원회의 결정 역시 같은 도미노 효과를 불러올 가능성이 높다. 이러한 역사수정주의Historical Revisionism가 하나의 이념처럼 자리를 잡아 미국의 분열을 부채질하게 되지는 않을까.

미국은 현대 민주주의의 종주국이자 인권의 수호자를 자처한다. 세계인권선언 제2조에 "모든 사람은 인종, 피부색, 성, 언어, 종교, 정치적 견해 또는 그 밖의 견해, 출신 민족 또는 사회적 신분, 재산의 많고 적음, 출생 또는 그 밖의 지위에 따른 그 어떤 구분도 없이 이 선언에 나와 있는 모든 권리와 자격이 있다"라고 규정하고 있다. 그러나 미국 사회의 현실을 들여다보면 인권 선언이 무색하리만치 노골적인 인종과 피부색 차별이 난무하고 있다.

트럼프 대통령 집권 1기 당시 뉴햄프셔를 운전하고 지나던 한인을 비롯한 많은 서류 미비 이민자들이 교통법규를 위반하지 않았는데도 불심검문에 걸려 이민 구치소에 수감되는 일이 발생했다. 과거에는 범법 행위를 저지른 서류 미비 이민자들이 추방 대상이 됐지만, 현재는 트럼프 행정부의 반이민 정책을 지지하는 주와 도시에서 이런 일들이 빈번하게 일어났던 것이다. 그리고 그 대상이 되었던 것이 바로 아시아 출신과 남미 출신들이었다. 피부색 때문에 공권력의 눈치를 보면서 살아야 하는 시대가 된 것이다. 그러나 가장 오랫동안 이유를 막론한 차별과 공공연한 불평등의 대상이 되어온 것은 노예 신분으로 미국에 끌려왔던 흑인들일 것이다.

흑인들이 자유와 정의, 평등을 외치며 차별에서 벗어나기 위해 투쟁하며 고난의 행진을 할 때 아무도 그들이 미국의 새로운 가치를 창조해낼 것이라고 생각하지 않았다. 심지어 최선봉에 서서 흑인 민권운동을 이끌었던 마틴 루터 킹 목사조차 흑인들의 민권운동이 미국을 넘어 인류의 보편적 가치로 자리 잡게 될 것이라고는 상상도 하지 못했다. 그러나 수십만 명의 흑인들이 공권력의 폭력에 희생되고 감옥에 끌려가고 극단적인 백인 우월주의자들에 의해 처참하게 목숨을 잃는 사건들이 벌어지는 가운데도 '언젠가는'이라는 미래에 대한 희망을 잃지 않았다.

'우공이산愚公移山'이라는 말이 있다. 중국의 북산에 살고 있던 우공이라는 노인이 집 앞을 가로막은 높은 산 때문에 통행에 불편을 겪자 산을 옮기기로 결심을 하고 흙을 퍼 담아 나르기 시작했다. 주변에서 무모한 일이라며 말리자 그는 자자손손 대를 이어 하다 보면 언젠가는 산을 옮길 수 있을 거라며 포기하지 않았다. 어느 날 이 고집 센 노인의 이야기가 옥황상제의 귀에까지 들어가고 감복한 옥황상제가 노인을 위해 산을 옮겨주었다는 것이다. 우공은 '어리석은 노인'이라는 뜻을 가진 이름이지만 실현 가능성 제로에 가까웠던 그의 꿈을 '어리석은'것으로 비웃던 주변 사람들이야말로 진정 '어리석은' 이들이었고 묵묵히 도전을 멈추지 않는 노력과 열정으로 결국 품은 뜻을 이루어냈던 우공이야말로 지혜로운 사람이었는지 모른다.

인류 역사에서 새로운 시대를 열었던 주인공들도 대부분 이런 '우공'들이었다. 그들은 자신들의 이상과 생각을 현실로 만들어내기 위해 실패를 두려워하지 않고 남들이 '미련하다'고 할 만큼 도전을 멈추지 않았다. 비록 실패가 거듭되더라도 실패하는 일을 두려워하지 않고 경험으로 쌓다 보니 어느 날 기적과 같은 일들이 일어나게 된 것이다.

흑인 민권운동이 시작된 지 14년 만인 1964년 린든 존슨 대통령이 학교와 직장 및 대중시설에서 흑인에 대한 차별을 금지하는 민권법에 서명을 했고, 70년대 후반부터 흑인들이 대거 공직과 정치권에 진출하는가 하면 미국 주류 문화와 스포츠계에서 수많은 흑인 스타들이 화려한 스포트라이트를 받기 시작했다. 숱한 희생을 감내해온 흑인 민권운동가들이 성취해낸 결과였다. 그리고 결코 무너질 것 같지 않던 철옹성 같은 인종차별의 높은 벽을 넘어 최초의 흑인 대통령이 탄생하기에 이르렀다. 말 그대로 '우공이산'의 실현을 보여준 것이다.

그러나 오늘날 미국은 다시 갈등의 시대로 접어들고 있다. 무덤 속에 움츠려 있다가 다시 기어 나온 망령처럼 인종차별이

고개를 들고 대낮의 거리를 활보하고 있다. 2023년 유엔 인권이사회는 보고서를 통해 미국 경찰 및 사법부 부서에 아프리카계에 대한 시스템적 인종차별이 존재한다며 미국 당국이 개선을 위해 노력할 것을 촉구했다. 노예제, 노예 무역 및 인종차별 정책의 유산이 경찰의 흑인에 대한 과잉 진압과 인권 침해 등의 형태로 현재까지 지속되고 있다고 지적한 것이다. 이 보고서에 따르면 흑인이 경찰에 의해 살해될 가능성이 백인보다 3배가 높고 감금될 가능성은 4.5배가 높으며 매년 1천 건 이상의 경찰 살인 사건 중 불과 1%만이 기소된다고 강조했다.

    미국 건국의 주역들이 롤모델로 삼았던 로마 제국의 번영의 이유를 다시 한 번 되짚어봐야 한다. 이탈리아 반도의 소수 이주 왕국으로 출발하여 대제국을 건설한 로마는 초기에 정복한 지역의 지도자들은 로마의 귀족으로, 주민들은 로마의 시민으로 받아들이는 정책을 통해 급성장을 이루어냈다. 그리고 로마에 대항하여 목숨을 걸고 싸운 적대국이라고 해도 항복을 하면 법적인 로마인으로 동등하게 대우하는 시민의 권리를 국가 통합의 접착제로 사용했다. 로마의 이러한 국가 통합 정책은 주위의 수많은 나라와 부족들을 스스로 로마인이 되게 하였고, 로마가 결국 누구도 넘볼 수 없는 강력한 제국으로 성장할 수 있는 발판이 됐다. 열린 자세로 모든 민족과 인종을 포용하는 국가 정책이 통합의 시너지 효과를 내어 강대국을 만들어내는 것이다. 그런데 미국은 지금 타협이 아닌 대결의 끝을 향해 달려가는 중이다.

　왕국도 제국도 오래되면 권력과 부가 특정 소수집단에 집중되면서 국가 구성원들 간의 대립과 분열이 심화 된다. 이들이 자신들만의 이익을 추구하는 카르텔을 구축하고 자신들이 가진 것을 지키기 위해 전체의 발전과 성장보다 가진 것을 지키는 일을 최우선으로 생각하기 시작하면서 변화를 배격하고 세상의 흐름과 시대의 요구를 따르는 대신 폐쇄적인 우물 안의 개구리가 되어가기 때문이다. 이는 사회를 하나로 결집시켜온 강력한 접착제를 증발시키는 결과를 초래한다.

　당나라와 손을 잡고 678년의 역사를 가진 백제와 705년의 역사를 가진 고구려를 멸망시키고 268년 동안 한반도를 지배했던 천년 왕국 신라. 그러나 892년 견훤이 후백제를 건국하고 곧이어 궁예가 후고구려를 건국하면서 다시 3국 분열이 일어났다. 가장 큰 원인은 자신들만의 카르텔을 형성한 신라의 중앙 귀족들이었다. 그들은 삼국 통일 후 승리의 전리품을 독차지하기 위해 자신들끼리 연합을 하고 지방 호족과 백성들을 소외시켰다. 궁예의 수하에서 반정으로 나라를 세우고 고구려를 계승하겠다며 국호를 고려로 바꾼 왕건은 후삼국 분열 42년 만에 한반도에 또 한 번의 통일 왕국을 이루었다. 그러나 고려는 국가 통합을 위한 강력한 방법이 필요했다. 고구려계뿐 아니라 발해계, 신라계, 백제계, 여진족, 거란족에 이르는 다양한 출신의 사람들을 하나로 아울러야 했기 때문이었다. 왕건은 통일 신라의 몰락을 거울 삼아 적극적으로 지방 호족들과의 동맹을 위해 '결혼'을 매개체로 삼았다. 그리고 노비안검법을 통해 수많은 백성들을 자유인으로 풀어주면서 민심을 얻었다.

현대 민주주의 종주국인 미국은 민권법이 제정된 지 60년이 넘은 이 시점에 역사의 시계를 다시 거꾸로 돌리려고 하고 있다. 이민자와 유색인종에 대한 사회적 반감을 부채질하며 차별을 조장하는 정치인들의 힘이 거세어지면서 특정 인종에 대한 혐오, 반이민주의, 보수와 진보의 대립 등이 역사상 유례없는 사회적 분열을 초래하고 있다. 이런 현실을 타개할 방법은 선거를 통하여 분열을 조장하는 기회주의자가 아니라 국민 통합을 위한 해결책을 내놓는 지도자를 세우는 것이다. 이를 위해 오늘의 미국을 살고 있는 한인 동포들이 가야 할 길도 더 창조적인 대안과 방식으로 한인 커뮤니티의 주류 사회 진입을 위해 우공처럼 우직하게 포기하지 않고 한 걸음씩 산을 옮기는 것이다. 그렇게 목표를 향해 가다 보면 우공이산이 그저 교훈 한 자락을 주기 위한 옛날이야기가 아닌 현실이 될 날이 올 것이다. 그것이 현재를 살아가는 우리의 세대가 아니라고 하더라도 말이다.

불안의 낮과 밤

뉴욕타임즈The New York Times는 미국 연방대법원이 낙태, 기후 변화, 총기 등 국민들의 의견이 격렬하게 갈리는 사회문제들에 대해 잇따라 보수적인 판결을 내놓자 기사를 통해 미국 사회의 분열이 심각한 지경에 이르렀다고 지적했다. 그리고 미국이 더 이상 '미합중국The United States'이 아니라 '미분열국The Disunited States'이라고 불러야 한다고 개탄했다.

공화당과 민주당의 대립은 어느 정권이고 늘 있어왔다. 그것은 규제 완화와 감세를 통해 작은 정부를 추구하는 공화당과 정부가 담당해야 하는 국민 복지의 책임을 강조하는 민주당의 근본적인 기조 차이였다. 그러나 오늘날 미국의 분열은 다른 양상을 보이고 있다. 특히 트럼프 대통령이 전면에 내세우고 있는 반이민 정책은 미국 사회의 골 깊은 인종과 유색인종에 대한 차별에서부터 한 걸음 더 나아가 미국 문화의 근간이라고 할 수 있는 다양성과 포용성을 뿌리부터 뒤흔들고 있다. 보수 진영이 전통적 가치관을 더욱 강력하게 내세우게 되면서 둘로 갈라진 미국 사회는 도무지 봉합의 기미가 보이지 않는다. 분열은 더욱 큰 분열로 무한 복제하는 경향이 있다. 지금 미국 사회의 분열의 가장 큰 희생양이 되고 있는 것은 바로 미국이 건국 이후 빠른 속도로 부흥을 이루고 초일류 강대국으로 우뚝 설 수 있게 만들어준 힘이었던 이민자들이다.

   인류의 수가 아주 적었던 고대에는 더 나은 자연환경을 찾아 끊임없이 이동을 했다. 그러다가 살기 좋은 지역에 토착 무리가 생기고 문명이 발생했다. 그리고 그곳을 차지하려는 다른 집단이 생기면서 빼앗고 지키기 위한 전쟁이 발생했고 승리한 무리들이 그 지역을 차지했다. 집단들 사이의 힘의 차이로 인해 전쟁은 끊임없이 계속되었고 인류의 이동은 피할 수 없는 결과였다. 이렇듯 인류의 역사는 더 나은 조건과 기회, 혹은 생존을 찾아 움직이는 이동의 역사였다.

   현대 사회라고 크게 다르지 않다. 국가별로 서로 삶의 질이 달라지면서 인류는 이민을 통해 보다 나은 환경을 찾아가는 이민이라는 제도를 만들게 되었다. 그리고 노동력의 수요와 공급의 법칙이 이를 뒷받침해주었다. 이민자들을 통해 부흥을 이룬

나라가 쇠락의 길을 가게 되는 이유는 간단하다. 토박이들이 텃세를 부리기 시작하면서 자신들만의 카르텔을 형성하고, 불균등하고 불평등한 제도를 만들어내고, 차별을 일삼으며 공정한 기회를 박탈하면 다양성이 만들어내던 동력을 잃게 되는 것이다. 그래서 '기회의 땅'이었던 나라는 결국 분열과 갈등으로 병들어가고 사회는 발전을 멈추게 되고 만다.

미국은 이민자들의 나라다. 독립 직후에는 아프리카에서 노예로 강제 이민이 이루어졌고, 이어 유럽의 이민자들이 쏟아져 들어와 미국의 기반 시설을 건설했다. 그리고 1965년 신 이민정책으로 유럽 외 아시아, 아프리카, 중남미에서 이민자들이 대거 미국으로 유입됐다. 이들에게 미국은 그야말로 '꿈의 나라', 자신이 노력하는 만큼 땀의 대가를 얻을 수 있는 나라였다. 그 옛날 온갖 고난을 이겨내고 신대륙에 정착했던 개척자들처럼 미국은 새로운 땅에 뿌리를 내리고 보다 나은 삶을 일구어낼 수 있다는 '희망'의 상징이었다. 그래서 부모 세대들은 온갖 도박 같은 위험을 무릅쓰고라도 미국행을 택했다.

이런 '자유와 포용의 나라, 열려 있는 나라' 미국의 정체성이 심각한 변화를 겪고 있다. 세계 경기의 불황으로 미국의 돈들이 투자처를 찾지 못하고, 각 금융기관들이 신용 불량자들에게도 묻지마 대출을 해주면서 초래된 금융대란인 서브프라임 모기지 사태로 2008년 미국의 중산층들이 와르르 무너져 내렸다. 그 이후 기득권에 누적된 불만이 '미국을 다시 위대하게 Make America Great Again'를 외치는 트럼프 대통령의 중임을 가능케 했고, 트럼프 대통령은 전 세계를 대상으로 무역 전쟁을 선포했다. 중산층 표심을 위해 보호무역을 전면에 내세운 것이다. 그리고 이민자들이 일자리를 빼앗고 있어서 미국인들이 가난해졌다고 주장하면서 더 이상 미국으로의 이민을 환영할 수 없다고 말한다. 이런 반이민 여론몰이는 이민자 커뮤니티에 심각한 영향을 미치고 있다.

 미국 정부는 어린 시절 부모를 따라 미국에 온 서류 미비 이민자들을 수십 년 동안 공교육의 울타리 안에 품어왔다. 그리고 오바마 대통령은 미국이 키워낸 이들이 정식으로 합법적인 신분을 얻기까지 미국에 체류할 수 있도록 추방을 유예해주었다. 이것이 '불법체류 청소년 추방유예' 행정명령인 다카DACA이다. 다카 제도의 대상은 총 150만 명 정도로 추정되며 대부분 멕시코 출신이지만 아시안으로는 한국 출신이 가장 많다. 그런데 트럼프 대통령은 1기 재임 기간에 다카의 폐지를 선언하고 나섰다. 그러자 이민자 단체들이 샌프란시스코 제9연방항소법원The 9th U.S. Circuit Court of Appeals에 항소를 해서 폐지 행정명령을 일시 중지시켰다. 연방법무부가 대법원에 바로 항소를 하고 나섰지만 대법원은 제9연방항소법원의 판결을 주시하겠다며 폐지를 유예시켰다.

미국의 기틀을 잡았던 초기 이민자들은 정부가 시민을 위한 조직이 아닌 시민 위에 군림하는 조직이 될 것을 걱정했다. 그래서 권력이 한 곳에 집중되지 않도록 행정부, 입법부, 사법부로 권력을 분리시키고 연방정부와 지방정부도 상하관계에 두지 않았다. 연방정부는 국가적 외교나 국방, 재난, 군대, 화폐 관리 등을 통괄하고 실질적으로 시민들의 일상생활에 관련된 정책이나 법령은 주정부의 소관이다. 연방정부가 어떤 결정을 내리든 주정부가 꼭 이를 승인하고 시행해야 할 의무가 없는 것이다.

샌프란시스코 제9연방항소법원이 다카를 폐지하는 행정명령 불복 소송 심리에 들어가자 대통령이 임명한 연방법무부는 즉각 항소를 하고 나섰다. 하지만 사법부의 견제의 벽에 막혀 효력을 발휘하지 못했다. 그리고 이민자들이 많이 사는 대도시들에서는 트럼프 행정부가 지방경찰로 하여금 서류 미비 이민자들의 신분을 확인 후 체포하여 이민국으로 이송하도록 한 것에 대해 불복하면서 이민자 보호도시Sanctuary City 선언을 하고 나서기도 했다. 트럼프 행정부는 이런 도시들에 연방정부 보조금 지급을 거부하겠다는 카드를 쓰기도 했지만 오히려 도시들이 연방법원에 소송을 하고 재판에서 이기기도 했다.

트럼프 행정부의 반이민 정책은 이전 대통령 재임 기간 당시 멕시코와의 국경에 장벽을 설치하겠다고 선언한 데에서도 극명하게 드러난다. 연방정부를 셧다운하면서까지 국경 장벽

설치의 뜻을 굽히지 않았다. 그리고 부족한 돈을 메꾸기 위한 추가 예산 전용을 위해 멕시코 국경지대에 국가비상사태를 선포하기도 했다. 이 모두가 중남미에서 오는 이민자들을 막겠다는 의도인 것은 자명한 사실이다.

트럼프 행정부는 2기 출범과 함께 남부 국경을 폐쇄하고 불법 이민자들을 사상 최대로 추방하겠다며 전례 없는 반이민 정책을 준비하고 있음을 시사했다. 그리고 트럼프 대통령은 취임 첫날부터 미국 내에 불법으로 체류하는 외국인들의 신생아 자녀들에게는 출생지주의 적용을 제한한다는 행정명령에 서명을 했다. 미국 수정헌법 제14조는 미국에서 태어난 모든 이들이 자동으로 시민권을 부여받는 출생지주의를 규정하고 있기에 헌법과의 충돌 문제 등 찬반론을 넘어선 논란의 소지가 다분하다.

트럼프 대통령의 첫 행보는 즉각적인 결과를 가져왔다. 대통령이 행정명령에 서명을 하자마자 불과 33시간 만에 460명의 불법 체류자들이 체포되고 미국으로 들어올 예정이었던 난민 1만 명의 항공편이 취소되었다. 게다가 그동안 신분이 불안정한 이민자들의 보호소 역할을 해왔던 교회도 트럼프 대통령이 교회 및 학교, 병원, 결혼식 등에서 불법 이민자 단속 활동을 금지하는 지침을 폐기하면서 더 이상 안전지대일 수 없게 됐다. 이민자 커뮤니티의 불안감이 급속도로 높아진 것은 당연한 결과다.

뉴욕타임즈에 따르면 미국에서 영주권을 가진 합법적인 이민자 수는 약 1,300만 명이고 서류 미비 이민자들은 약 1,130만 명이 있는 것으로 추산된다. 그리고 여론조사 기관 퓨 리서치 센터Pew Research Center가 최근 발표한 현황 보고서에 따르면 미국에 거주하는 한국 출신의 서류 미비자 수는 2023년 1월 기준으로 12만 명에 이르는 것으로 조사됐다. 출신 국가별로는 멕시코인이 405만 명으로 1위, 엘살바도르인이 80만 명으로 2위, 인도, 과테말라, 중국 등에 이어 한국인은 16번째로 많은 숫자다.

어느 시대에든 이민자들에 대한 찬반은 있어 왔지만 '아메리칸 드림'을 꿈꾸며 몰려드는 이민자들에 대해 이민자의 나라 미국은 특히 저임금 3D 업종의 노동력을 필요로 했기에 기본적으로 유화적인 정책을 고수해왔고, 국민들 역시 이민자들에 대해 문제적 인식이나 경계심을 가지고 있지는 않았다. 그러나 2013년에 이민자가 60년대에 비해 4배 이상 늘어나면서 이민자들의 주거지역이 전국으로 확산되고 서류 미비 이민자들이 급증하면서 이민은 점차 국가적 이슈로 변해갔다. 공화당은 이민을 국가 안보와 직결시키고 민주당은 노동력 확보와 인도적 차원의 인권 문제로 다루면서 이민은 주요 정치적 쟁점으로 등극했다. 이는 해결되지 않는 이념이 되어 정치적 성향에 따라 국민들의 이민에 대한 인식 차이는 점차 양극화하는 양상을 나타내고 있다. 현재 이민은 경제 다음으로 미국 국민들이 중요하게 생각하는 국가적 현안으로 꼽힌다.

미국의 이런 변화는 중동과 아프리카에 발생한 전쟁과 내전으로 미국보다 더 많은 이민자들이 이주하고 있는 유럽 국가들에도 영향을 미치고 있다. 프랑스 총선에서 극우 정당이 기록적인 돌풍을 일으키고, 독일에서는 제2차 세계대전 나치 패망 이후 처음으로 극우 정당이 지방선거에서 승리를 거두었다. 유권자들의 마음을 결정적으로 흔들어놓은 것이 바로 반이민 공약이었다.

이제 이민을 통한 '아메리칸드림'은 사실상 끝난 것이나 다름없다고 한다. 그러나 이민자들이 세운 이민자들의 나라 미국을 향한 근본적인 아메리칸드림은 사라지기 힘들다. 값싼 노동력에 대한 미국의 사회경제적 수요는 여전히 존재하고 보다 나은 환경에서 살고자 하는 세계인들이 여전히 미국으로의 이주를 꿈꾸고 있다. 그러나 전체 이민 신청자 중 합법적인 이민이 허가되는 확률은 3%에 불과하다. 서류 미비 이민자들이 생길 수밖에 없는 구조인 것이다.

이민 이슈가 최대의 난제로 등장한 지금, 국민들의 감정을 자극해 표를 얻으려는 정치권의 분열과 갈등 조장에 맞서기 위해서는 이민자 커뮤니티의 연대만이 살 길이다. 그리고 가장 중요한 것이 정치력을 기르는 것이다. 이 정치력으로 삶을 불안하게 만드는 정치게임에 휘둘리지 않도록, 그리고 감히 이민자 커뮤니티의 '생존'을 위협하지 못하도록 커뮤니티의 단합된 표밭을 탄탄하게 일구는 일이 최우선이다.

이민자 연대 퍼레이드
2012년 6월 중순 오바마 대통령의 다카 발표 이후 포괄적 이민개혁안 통과를 요구하는 맨해튼 현장이다.

이민자보호교회와 함께 2017년 10월 이민자 보호 퍼레이드에 참석했다.

2장

잡초가
마당을 삼키는 법

1992.4.29.

1991년 3월 3일, 흑인 운전자 로드니 킹이 고속도로에서 현대 엑셀 차량을 과속으로 몰고 가다 4명의 경찰들에게 체포되었다. 그리고 그 과정에서 무지막지한 폭행을 당했다. 근처 아파트에 살던 한 주민이 그 현장을 비디오로 촬영해 NBC에 제공했고, 이 영상이 뉴스에 그대로 방영되었다. 사건에 연루된 경찰관 4명은 모두 백인이었으며 이들은 로드니 킹이 위협적인 태도를 취했고, 법은 공정하게 집행되었다고 주장했다. 당시 사회의 주목을 받게 된 이 사건은 흑인 밀집 지역에서 발생했음에도 불구하고 1992년 2월 5일 백인 밀집 지역으로 옮겨져 재판이 진행되었으며, 심지어 배심원 전원이 백인으로 구성되었다. 그리고 그 결과 4월 29일 결국 경찰관 3명에게는 무죄, 1명은 재

LA 폭동 당시 버몬트 애비뉴

심사 결정이 내려져 흑인 커뮤니티의 분노는 임계점을 넘어 드디어 폭발했다. 사실 그뿐만이 아니었다.

로드니 킹 사건이 일어나기 바로 직전인 1991년 3월 16일, 슈퍼마켓을 운영하던 한국인 여성이 15세 흑인 소녀 라타샤 할린스가 오렌지 주스를 훔쳐서 달아나려는 것으로 오인해 말싸움을 벌이다가 총격을 가해 사망에 이르게 한 사건이 벌어졌다. 검사는 흑인 사회의 반발을 우려해 무기징역을 구형했으나 판사는 집행유예 5년, 사회봉사 400시간을 선고해 한인들에 대한 흑인들의 반감을 증폭시켰다.

흑인들의 폭동 이후 사흘 동안 그들은 무차별로 방화하고 약탈했다. 사망자만 55명, 부상자는 2,300명이 넘었다. 폭동 진압을 위해 캘리포니아 주정부는 경찰과 6,000명의 주방위군, 2,000명의 연방 육군과 헌병대, 장갑차 부대와 공수 부대 등 1만 4,000명 가까이 되는 사단급 부대를 동원했다. 그런데 이들이 가장 먼저 사수한 곳은 부유층이 사는 지역이었다. 반면 정작 심각한 피해 지역인 한인 상권이 밀집한 거리들은 여전히 무법천지였다. 라타샤 할린스 사건 이전부터도 한국인들이 많이 운영하는 식료품 가게나 주류 상점 등에서 한국인 주인과 흑인들은 부딪치는 일이 잦았다. 그렇게 차곡차곡 쌓여 있던 한인·흑인 간의 좋지 않은 감정은 한국인 상점들의 피해를 키울 수밖에 없었다. 결국 LA 코리아타운의 90%가 파괴됐고, 폭동으로 인한 전체 피해액 7억 1천만 달러 중 한국인의 피해가 3억 5천만 달러에 달하는 것으로 집계됐다.

미국은 잊을 만하면 폭동이 발생한다. 폭동의 기저에는 늘 경제적 문제가 있지만 그 발단은 인종차별적인 공권력과의 충돌이 방아쇠가 되는 경우가 많다. 그러나 1992년 LA 폭동은 사건의 발단과 전혀 관련이 없는 한인들에게 엄청난 피해와 충격을 안겨주었다. 미국에서 열심히 일해서 좋은 집, 좋은 차를 마련하고 좋은 학교에 아이들을 보내 좋은 교육을 받게 해주려던 아메리칸드림이 무너졌다. 한인들은 평생을 땀 흘려 일구어낸 가게가 한순간에 잿더미로 변해버린 모습을 넋을 놓고 바라보기만 했다. 자신들을 지켜주지 않는 정부를 원망했지만 아무도 귀담아 들어주지 않았다. 오히려 주류 언론들은 한인들이 흑인 인종차별주의자들이라고 매도하기도 했다.

내가 처음 미국에 온 것은 LA 폭동이 일어나고 2년이 흐른 뒤였다. 웬만한 일이라면 2년이라는 시간 동안 상처의 봉합과 갈등의 타협이 어느 정도는 될 법도 하건만 LA 폭동의 후폭풍은 길고도 길었다. 내가 자리를 잡은 뉴욕 뉴저지 지역은 폭동이 발생했던 LA와는 멀리 떨어진 지역이지만 그 이전부터 한인·흑인 간의 갈등은 심각한 수준이었다. 흑인 밀집 지역에서 비즈니스를 하는 한인들이 많았던 때문이었다. 한인 주인들이 가게 계산대에 방탄유리를 설치하는가 하면 물건을 슬쩍해 가는 좀도둑과 잦은 시비가 붙으면서 흑인들 사이에 '한인들이 우리 동네에서 돈만 벌어가고 정작 우리는 무시한다'는 원성이 높아졌다. 그리고 한인들은 한인들대로 '흑인은 다 도둑'이라며 감정적 대응을 보였다.

엎친 데 덮친 격으로 여기에 LA 폭동까지 일어나고 나니 한인·흑인 간의 갈등은 그야말로 폭주 기관차처럼 어떻게 멈춰볼 엄두도 나지 않을 만큼 성난 속도로 악화일로였다. 할렘에 한국인이 차를 주차시켜 놓고 잠깐 자리를 비우면 순식간에 어디선가 흑인들이 우르르 나타나 바퀴를 빼가는 일이 다반사였다. 델리 가게나 채소 가게를 주로 하는 한인 상인들은 흑인 손님들과 사소한 것이든 심각한 것이든 충돌을 일으키는 일이 일상이 됐으며 흑인들이 보란 듯이 대놓고 물건을 훔쳐 가거나 가게 앞에서 집단시위를 하거나 혹은 떼강도가 들어 순식간에 가게의 물건을 몽땅 털어가는 일도 생겼다. 그러나 진짜 후유증은 다른 곳에서 곪아가고 있었다. 인종 간의 갈등도 아니고 생계의 위협도 아닌, '과연 이런 불안하고 위태로운 하루하루가 일상이 된 미국에서 우리가 제대로 살아갈 수 있을까' 하는 고민을 하는 사람들이 많아지기 시작한 것이다. 당시 나와 비슷한 나이 또래의 대학생 친구들과 모일 기회가 많았는데 다들 '이렇게 힘들게 버티며 사는 게 맞나, 한국으로 돌아가야 하나' 하는 고민들을 하고 있었다.

그때 나는 그런 고민을 하는 그들의 심정이 이해가 가지 않는 건 아니었지만 낯선 타국에서 삶의 터전을 잡고 뿌리를 내리는 일이란 것이 당연히 쉬울 리가 없다고 생각했다. 그 과정에서 이미 자리를 잡고 있는 이들과의 갈등과 시비, 감정적 불편함과 거리감, 그리고 때로 벌어지는 물리적 충돌은 한국인들만 겪는 일은 아닐 터였다. 이민자라면 누구나 거쳐야 하는 통과의례고, 그 통과의례가 호된 신고식인 것은 당연한 것일 터였다. 그래서 그 친구들에게 힘들다고 한국 갔는데 한국에서도 힘들면 그다음에는 다시 미국으로 올 거냐고, 자리를 옮길 생각을 먼저 하지 말고 여기서 살아남을 수 있는 방법을 찾는 것이 먼저여야 한다고 솔직한 조언을 건넸다.

비 온 뒤에 땅이 굳는 것처럼 고통과 시련이 성장의 발판이 되는 것은 자연의 이치다. 독수리가 높은 하늘을 자유자재로 맹렬하게 날 수 있게 되기 위해서는 강풍 속에서 약한 날개를 높은 나무 꼭대기에 수도 없이 처박는 연습을 해야 한다. 실패는 시련 때문에 오는 것이 아니라 시련 앞에서 낙심하고 포기하는 마음 때문에 오는 것이다. 팬데믹을 겪고 나서 지금도 여전히 한인을 비롯한 아시아계에 대한 인종 혐오 공격은 곳곳에서 벌어지고 있다. 그러나 한인 사회는 이제 미국 사회에서 결코 무시할 수 없는 커뮤니티로 성장했다. 그해 4월은 잔인했지만 그 봄의 기억을 가슴에 품고 새기되 원망과 두려움이 아니라 앞으로 나아가는 동력으로 삼고 비겁하거나 나약해지지 않았기 때문이다.

잡초의 생존 제1법칙,
결집

한인 커뮤니티가 LA 폭동으로 인해 뼈저리게 깨달은 것은 바로 미국 사회에서 소수민족으로 살아간다는 것이 어떤 것인가에 대한 현실적 자각이었다. 벌건 대낮에 가게 안으로 우르르 들어와 물건들을 훔쳐가는 사람들을 보며 아무리 애타게 경찰을 찾아봐도 아무도 오지 않았다. 행여 근처에 경찰들이 있었지만 그들은 신경조차 쓰지 않았다. 그러면서 폭동의 중심에서 막대한 피해를 입고 있었던 한인 상권 밀집 지역 대신 베버리힐스 같은 부촌에만 주방위군을 투입하고 상황을 그저 지켜보고만 있었다. 폭동의 회오리바람이 잦아들고 나서는 정작 한인들은 피해 보상을 받을 길이 막막한데 의회는 오히려 흑인 밀집 지역인 사우스 센트럴 지역이 너무 낙후되었다며 연방정부 기금을 들여 지역개발에 나서야 한다고 목소리를 높였다. 평생을 피땀으로 일군 재산이 하루아침에 잿더미가 되어 망연자실한 한인들의 억울함과 눈물은 그 누구의 안중에도 없었다.

이유는 간단하다. 한인 이민자들은 미국을 새로운 삶의 터전으로 삼고 뿌리를 내리기 위해 발버둥을 쳤지만 정작 사회참여에는 관심조차 없었던 것이다. 특히 정치나 투표에 적극적으로 나서는 사람을 보기 드물었다. 표심을 따라 움직이는 정치인들에게 거의 없는 표밭이나 마찬가지였던 한인 커뮤니티에 대해 지역 정치인들은 아예 지역구 주민으로 생각조차 하지 않았고, 그러다 보니 정치인들의 정책에 의해 움직이는 지역의 공권력이나 행정기관들도 지역 한인들에 대한 관심이나 인식이 턱없이 부족했던 것이다.

그때는 그저 힘없는 약자인 한인 커뮤니티를 가해자로 몰아가는 미국 사회가 야속하기만 했다. 그러나 그것은 새로운 시작이었다. 한인들은 지난 시간들을 되돌아보고 이제부터 무엇을 해야 할지를 치열하게 고민했다. 미국 사회의 냉혹한 현실을 뼈저리게 깨달은 그들은 진짜 아메리칸드림이란 경제적으로 성공해서 보란 듯이 금의환향하는 것이 아니라 미국에 뿌리를 내리고 당당한 미국 사회의 일원으로 살아가는 것이라는 것을 깨닫게 된 것이다. 미국은 상상 속의 천국이 아니라 심각한 빈부의 격차가 있고 조금만 방심을 하면 인종 갈등의 소용돌이에 휩쓸려 전혀 생각도 못했던 결과가 빚어질 수도 있다는 것을 알게 됐다. 우리가 스스로를 지킬 수 없다면 아무도 우리를 대신해서 지켜주지 않는다는 교훈을 얻었다.

한인 사회의 각성의 시작은 어린 시절 부모의 손을 잡고 낯선 미국 땅을 밟았던 이민 1.5세대들의 외침에서 비롯되었다. 부모 세대들과 달리 그들은 미국에서의 삶이 힘들다고 언제든지 한국으로 돌아갈 수 있는 처지가 아니었다. 그들이 미국 사회에서 동등한 일원으로 대접받고 사는 것은 그들의 당연한 권리가 되어야 했다. 그러나 그 권리는 공짜로 주어지는 것이 아니었다. 이렇게 4월 29일은 미주 한인 이민사에서 절대 잊을 수 없는 날이 되었다. 비록 많은 이들에게 참혹한 기억을 안겨준 비극적 사건이지만 동시에 한인 커뮤니티의 역사가 새로운 역사를 시작하는 전환점이었다.

그때 내가 처음 시작한 것이 토요 어린이 문화학교였다. 한인 사회를 위해 뭔가 의미 있는 일을 해보자는 의도에서 토요일에 일을 하러 나가는 부모를 둔 아이들을 모아 풍물과 한글을 가르쳐보기로 했다. 소호빌리지 한인 상인번영회와 인연이 닿아 적게는 10명에서 많을 때는 80명까지 아이들이 모였다. 나로서는 한인 사회의 일에 처음 발을 담그게 된 계기였다. 그러다 LA 폭동을 재조명하고 한인·흑인 갈등의 실마리를 찾자는 취지의 세미나를 열게 되었는데 이 행사를 계기로 이민 1세대의 아

1996년 출범한 토요 어린이 문화학교
1996년부터 토요일마다 어린이들에게 한글, 풍물놀이, 한국문화를 가르쳤다.

메리칸드림을 재정립해야 한다는 문제의식을 공유하게 되었다. 그리고 한인 커뮤니티의 목소리를 내기 위한 방법으로 찾은 것이 바로 '투표'였다.

그렇게 한인 커뮤니티의 투표 독려 캠페인을 시작하면서 유권자 등록과 투표 참여의 필요성을 논리적으로 전달하고 사람들을 설득하기 위해 만들게 된 것이 바로 한인 유권자센터였다. 1997년 센터를 설립하고 나서 눈이 오나 비가 오나 바람이 부나 종교 기관, 각종 행사장, 마켓, 그리고 길거리에서 눈에 띄는 한인들 한 명 한 명을 붙들고 투표의 중요성을 설명하고 유권자 등록을 유도했다. 선거 때만 되면 선거에 참여하자는 캠페인을 벌여 한인 커뮤니티의 표심을 움직이기 위해 안간힘을 썼다. 그러자 유권자에 머무르지 않고 직접 정치 일선에 도전하는 한인 후보자들이 나오기 시작했고, 각 주별로, 시별로 한인 정치인들이 배출되었다. 비로소 한인 커뮤니티의 존재감이 미국 사회의 표면으로 드러나기 시작한 것이다.

이때만 해도 내가 한인 유권자센터에 전적으로 매달렸던 것은 아니었다. 그때까지도 '나는 결국 한국으로 돌아갈 사람'이라고 생각하고 센터의 운영을 돕는 역할 정도가 나의 일로 생각하며 마음의 선을 그었다. 그런데 토요 어린이 문화학교의 규모가 커지면서 더 큰 공간이 필요하게 되었고, 그 시기에 학교 공간 유지를 위해서 학원 사업을 시작하게 되면서 주중에는 학원 일을 하고 주말에는 토요 어린이 문화학교와 한인 유권자센터 활동을 하는 삶이 시작되었다. '어쩌다 보니' 한인 사회를 돕는 일을 하고는 있었지만 처음 미국 땅을 밟았을 때부터 특별한 '아메리칸드림'을 품고 온 것이 아니었기에 목적했던 공부를 마치고 나면 한국으로 돌아가는 것이 나에게는 수순이었다. 그러니 나의 미국생활은 '한시적'인 것이었을 뿐이었다.

유권자 등록 캠페인
뉴저지 한인회 주최 추석 맞이 잔치에서 인턴들과 함께 유권자 등록과 투표 참여 캠페인을 진행했다.

1999년 11월 본선거를 앞두고 우편물 제작 발송
고등학생 자원봉사자들과 함께 매주 유권자 등록 캠페인을 하고 선거 때가 되면 등록한 한인 유권자들에게 선거 안내 홍보물을 발송해 투표 참여 캠페인을 진행했다.

2000 Census Wakaton 참여
토요 어린이 문화학교 학생들과 함께 2000년 인구조사 걷기 대회에 참여한 사진이다.

토요 어린이 문화학교 학생들과 선생님

주변에서는 점차 "네가 한국으로 돌아가 버리면 이렇게 다 벌여놓은 일들을 할 사람이 없다"라며 계속해서 한국으로 돌아가는 것을 만류했지만, 나는 양 갈래 길 앞에서 갈피를 잡지 못하고 결정을 질질 끌고 있었다. 그러다 아내를 만나 결혼을 하게 되면서 비로소 '이민 1세대'로 살기로 결심을 굳히게 되었다. 그와 동시에 나에게도 '아메리칸드림'이라는 게 생겼다. 다른 한국 이민자들처럼 돈을 벌고 좋은 집과 차를 사고 아이들에게 최고의 교육을 받게 하는 것과는 조금 결이 다른, '미국 사회에서 코리안 아메리칸이 동등한 대우를 받고 살 수 있게 만드는 일을 하고 싶다'였다.

미국에 대해 잘 모르는 상태에서 막연히 밖에서 바라본 미국 사회와 내가 몸담고 살아가야 할 삶의 터전으로 안에서 직접 겪는 미국, 그리고 미국살이에는 많은 차이가 있다. 그야말로 '살아보지 않으면 모르는 일들'이 많다. 그리고 그때와 지금의 미국은 세계적 초강대국이라는 지위에는 변함이 없으나 내부적으로 많은 변화가 생겼다.

미국은 제2차 세계대전 이후 영국을 제치고 세계 최강대국의 지위를 갖게 되었다. 과학, 기술, 문화, 예술 등 모든 방면에서 세계를 선도하며 전 세계 인재들의 발길을 끌어모았다. 그러나 30여 년이 흘러 독일과 일본의 추격이 시작되었고, 그리고 또 30년이 지나자 한국, 대만, 중국 등 아시아 국가들이 미국의 시장을 점령하기에 이르렀다. 최고의 자리를 꿰차고 앉아 있는 시간이 길어질수록 점점 방만해진 결과이다. 기술 강국을 넘보는 한국과 중국을 견제해 원천 기술을 더 개발해내려는 노력을 하기보다 선점한 기술에 대한 로열티를 챙기는 데 신경을 더 많이 쓰고 첨단기술 공장도 노동력이 싼 해외로 옮기다 보니 숙련된 기술 노동력이 부족해졌다.

'영원한 1등'이란 존재하지 않는다. 이제 미국의 무소불위의 초강대국 지위는 더 이상 신성한 영역이 아니다. 미국은 압도적인 선진문명을 자랑하던 아테네의 예에서 깨달음을 얻어야 한다. 아테네는 초강국의 지위를 갖게 되자마자 패권적 해양제국으로 돌변하였다. 페르시아와의 긴장 유지비에 막대한 비용을 지불했고 무역과 외교에서 다른 도시국가들을 힘으로 누르려는 일방적 횡포를 부렸다. 국제무역과 외교에서의 실패뿐 아니라 내부적으로도 정쟁으로 심각한 분열을 겪다가 펠로폰네소스 동맹을 주도하던 스파르타에 패하고 결국 모든 그리스의 도시국가들이 변방의 마케도니아에 점령당하고 말았다. 예나 지금이나 사람과 나라도 강성해지면 교만에 빠지게 된다. 그래서 수평적 동맹국을 비롯한 약소국들에게 자국의 이념과 불평등 무역을 강요하고 경쟁 국가나 적국을 힘으로 제압하려고 하면서 불필요한 곳에 힘을 낭비하는 결과를 초래하고 결국은 몰락의 길을 걷게 되는 것이다.

지금 미국은 세계 무역시장의 판도를 미국만을 위한 것으로 바꾸려고 하고 있다. 미국과 무역을 하여 손해를 본다면 동맹국들이 굳이 미국의 달러 체제에 동의를 할까? 그러나 미국만을 위한 무역은 기축통화로서의 달러 체제 유지를 위협하고 반이민 정책은 노동력과 유능한 두뇌 확보를 못하게 하여 미국의 국제 경쟁력을 더욱더 떨어지게 할 수 있다. 동아시아 중원의 패자도 조공 무역을 받지 않았을 때 중원은 늘 전쟁에 휘말렸고 그때마다 중원의 패자가 바뀌는 일들이 일어났다.

이제 미국은 새로운 영역을 개척하기보다는 있는 것은 지키는 것으로 방향 전환을 하고 있다. 이런 때일수록 보다 나은 삶의 조건을 찾아, 새로운 기회를 찾아 낯선 이국땅에서 살아가는 도전을 감수하고 온 미국에서 개인의 성공적이고 안락한 삶을 넘어 하나의 커뮤니티로 뭉치고 정치적 사회적 힘을 기르는 것이 중요하다. 그것은 우리 자신을 위한 길뿐만이 아니라 수많은 인종과 민족의 다양성을 근간으로 발전해왔으며 앞으로도 이 동력을 유지해나가야 할 미국의 미래를 위한 길이기도 하다. 그리고 이를 위해 다른 그 누구도 아닌 이민자인 우리 자신이 먼저 나서서 스스로를 지킬 수 있는 힘을 키워야 한다. 유권자 등록과 투표 참여에 관심을 가지고 미국 사회의 발전에 어떻게 기여를 하고 어떻게 영향력을 가진 커뮤니티로 발돋움할 것인가를 고민하고 노력해야 하는 이유다.

준비된 누군가가
역사를 만든다

역사는 그저 우연히 이루어지지 않는다. 새로운 역사의 탄생은 누가 뭐라고 하든 묵묵히 한길을 걸어온 준비된 누군가가 있기에 가능한 일이다. 20대와 30대에 걸쳐 10년 간 나의 모든 젊은 날의 시간은 학원 일과 한인 유권자센터 일로 꽉 찼다. 주중에는 일을 하고 토요일에는 토요학교를 운영하고 일요일에는 유권자 등록 캠페인을 하러 뛰어다니느라 나를 위한 시간은 그야말로 사치였다. 그렇게 쉴 틈 없이 살던 중에 학원을 접게 되면서 나는 한인 유권자센터 일에 100% 전념하게 됐다. 그리고 그 시작이 된 것이 2007년 위안부 결의안이었다.

당시 우리는 미국 사회에 영향력을 행사할 수 있는 일이 무엇이 있을까를 한창 고민하던 시기였다. 함께 한인 유권자센터

설립했던 김동석 소장님이 비자 면제 프로그램을 성사시키기 위해 워싱턴의 여러 연방의회 의원들의 사무실을 찾아다니는 과정에서 우연히 위안부 결의안에 대해 알게 됐다. 사실 미 의회에 위안부 결의안 통과가 시도된 것은 그때가 처음이 아니었다. 2006년 미 의회(109회기)에서 하원 국제관계위원회의 만장일치로 통과된 일본군 강제 동원 위안부 결의안(H.res 759)이 하원전체회의에서는 상정조차 되지 못한 적이 있었다. 이 결의안은 일본군 위안부와 관련해 일본 정부가 피해자들에게 사죄하고 일본 교과서에 기록하고 배상을 요청하는 것이었다.

그때 일본 수상이었던 아베가 미 의회에 나와 합동 연설을 하겠다고 나섰는데 실상은 유엔 안전보장이사회 상임이사국 진출이 숨은 목적이었다. 우리는 일단 합동 연설은 어불성설이라는 요지의 편지를 하원 국제관계위원장이었던 헨리 하이드Henry Hyde 의원에게 보냈다. 한인 유권자센터가 보낸 편지 때문인지 알 수는 없지만 핸리 하이드 위원장이 일본의 식민지 침탈과 전쟁을 미화하는 상징적 시설물인 야스쿠니 신사에 참배를 하지 않는다는 조건을 달자 결국 아베 수상의 연설은 수포로 돌아갔다. 그리고 우리는 일본의 유엔 안전보장이사회 상임이사국 진출을 저지하기 위해 위안부 결의안 통과에 집중하는 계획을 세웠다. 의회에서 위안부 결의안이 통과되고 나면 '이래도 사과를 할 생각이 없는 나라가 유엔 안전보장이사회 상임이사국이 될

혼다 의원에게 위안부 결의안 통과 서명용지를 전달하는 김동석 소장

수 없다'는 주장에 강한 설득력을 실을 수 있다는 생각이었다.

그다음 해 민주당이 다수당이 되었고 당시 뉴욕 한인 유권자센터의 김동석 소장은 캘리포니아 출신의 마이크 혼다Michael Honda 의원을 만나 110회기에 일본군 강제 동원 위안부 결의안을 상정해줄 것을 요청했다. 그리고 혼다 의원의 요청에 따라 공화당 중진 의원인 뉴저지의 크리스토퍼 스미스Christopher Smith 의원을 공동 발의자로 확보했다. 그로부터 미주 한인들은 꼬박 6개월 동안 전국적인 서명운동을 벌이고 나서 서명된 용지들을 들고 지역의 의원 사무실을 찾아갔다. 그리고 고등학생과 대학생 인턴들을 데리고 워싱턴을 열 번 이상 오가며 의원들 설득 작전에 나서기도 했다. 그러던 중 아시아 정책 포인트Asia Policy Point의 민디 코틀러Mindy Kotler 사무총장과 공화당 외교전문위원인 데니스 핼핀Dennis P. Hapin이라는 든든한 지원군을 얻게 됐다.

민디 사무총장은 대부분의 미국인들은 물론이고 미 의회 위원들에게조차 생소한 일본군 강제 동원 위안부 문제가 미국사회에 보다 잘 받아들여질 수 있도록 미국이 가장 중요하게 생각하는 가치인 인권 문제로 논리적인 접근 방법을 제공해주었다. 평소 우리가 주장하는 대로 '역사적인 범죄'로 몰아가서는 국소적인 이슈로 그칠 가능성이 높았기 때문이었다.

뉴저지주 상하원에서 뉴저지 주의 위안부 결의안을 주도했던 고든 존슨Gordon M. Johnson 하원의원은 그 어떤 정치인보다 한인 사회의 이슈에 정통한 사람이었지만 "아시아인이 아닌 우리는 일본의 2차 대전 침략 사실은 알았지만 구체적으로 어떤 일들을 했었는지는 몰랐다. 위안부 문제에 대해 그 어디에서도 배운 적이 없었기 때문이다. 한인 사회를 통해 그때 어떤 일들이 있었는지를 처음 듣고 나서 결의안을 상정하는 것이 옳은 일이라고 생각해서 행동에 옮겼다"라고 했다.

위안부 결의안 통과를 위한 서명운동
2007년, 효신장로교회(당시 방지각 담임목사)에서 풀뿌리 인턴십에 참여한 고등학생 인턴들과 함께 서명을 받았다.

결의안 통과 6주년 기념행사에서 연설하는 민디 코틀러 사무총장

데니스 핼핀 공화당 외교전문위원(가운데 남성)

그리고 데니스 핼핀 하원 공화당 외교전문위원과의 인연은 정말 우연이었다. 위안부 결의안 관련 워싱턴 방문 때마다 우리 주변을 기웃거리는 몸집 큰 백인 아저씨가 눈에 들어왔는데 한참 후에야 그가 외교전문위원인 것을 알게 됐다. 게다가 그의 아버지가 2차 대전 때 일본군 포로로 잡혀서 호된 포로 생활을 했던 경험이 있어서 일본에 대한 아버지의 감정을 아들이 고스란히 물려받은 데다 주한미군으로 근무를 했고 며느리도 한국인이라 한국에 대한 친밀감도 높았다. 그가 공화당 내부의 돌아가는 상황을 알려주며 언제 일본의 로비스트들이 의회를 돌았고 어떤 의원들을 집중적으로 공략했는지를 귀띔해준 덕분에 우리는 다음에 어떤 의원들을 찾아가 설득 작업을 펼쳐야 할지 효과적인 전략을 제대로 짤 수가 있었다.

2007년 4월 초 마이크 혼다 의원을 워싱턴에서 만났다. 미 하원 위안부 결의안 공동발의 의원 수가 120명을 돌파했다고 했다. 결의안 통과 가능성이 한층 높아졌다는 확신이 왔다. 올림픽 100미터 달리기 경기에서 십 초대를 '마의 십 초'라고 부르는 것처럼 '마의 백 명'이라는 것이 있다. 결의안은 보통 서른 명 안팎의 공동 발의를 거친 뒤 로비력을 총동원해 법안을 통과시키는 것이 일반적이다. 그런데 당시 하원의 외교 위원회 고위 관계자를 면담하는 자리에서 결의안의 통과를 극렬 저지하려는 세력이 있을 경우 통과를 확실하게 하려면 지지 서명 의원이 적

결의안 통과 후 이용수 할머니 만난 혼다 의원

어도 100명은 있어야 한다는 얘기를 들었던 것이다. 처음에는 정말 태산 같은 걱정이 몰려왔다. 당시까지만 해도 한인들이 미 의회를 상대로 로비다운 로비를 해본 적이 없었기 때문이었다. 다행히 뉴욕 한인 사회가 한마음으로 똘똘 뭉쳐 기금을 모으고 서명운동을 주도했으며, 한인 유권자센터를 중심으로 전국적인 네트워크인 121 추진연대를 조직했다.

일본 정부의 온갖 로비에도 불구하고 결국 그해 일본군 강제동원위안부 결의안은 미 하원에서 만장일치로 통과되었다.

이는 미국이 일본의 전쟁범죄를 공식적으로 인정한 최초의 결의안이었다. 미국은 제2차 세계대전을 일으킨 전범 국가인 일본에 대해 공식적인 언급을 한 적이 없다. 그런데 미국의 국가적 실익과 전혀 관계가 없는 문제에 연방의회가 나선 셈이었다. 결의안 통과 직후 낸시 펠로시Nancy Pelosi 하원의장은 조용히 결의안 통과에 나섰던 관계자들을 의장실로 불렀다. 그리고는 "인권의식이 점차 희미해지고 있는 미 의회에서 여러분들이 이런 역할을 해줄 줄 몰랐다"라며 진심 어린 격려를 해주었다. 어찌나 힘이 들었던지 다시 하라고 한다면 엄두가 나지 않을 것 같은 1년이었다. 위안부 결의안 통과에 모든 걸 걸고 가장 열심히 발로 뛰며 왕복 열 시간 이상이 걸리는 워싱턴을 수십 번 운전해서 다녔던 김동석 소장은 이후 꽤 오랫동안 병으로 고생하기도 했다.

막상 위안부 결의안이 통과되고 나자 이번에는 이를 역사적인 교훈으로 삼고 미국 사회의 평범한 시민들에게도 위안부 문제를 알리기 위해 무언가 기념적인 상징물이 필요하다는 생각이 들었다. 2008년 7월 당시 한인 유권자센터 인턴들과 함께 워싱턴 의회를 방문했을 때 플로리다 출신의 일리아나 로스 레티넌 Ileana Ros Lehtinen 의원이 이제는 지역 차원에서 위안부 피해자들의 명예를 회복시키기 위한 활동을 할 필요가 있다고 조언을

결의안 통과 후 낸시 펠로시 하원의장과 함께

결의안 통과 이후 마이크 혼다, 찰스 랭글 의원과 함께
좌측 상단부터 시계 방향으로 김영덕 121 추진연대 공동위원장, 박제진 시민참여센터 스탭 변호사, 김동찬(본인), 김동석 소장, 121 추진연대 정해민 공동위원장, 찰스 랭글 의원, 이용수 할머니, 혼다 의원, 에나벨 박

해주었다. 그래서 2009년 7월부터 풀뿌리 인턴십에 참여한 한인 고교생 인턴들과 함께 새로운 풀뿌리 운동 프로젝트로 기림비 건립을 추진하게 되었다.

먼저 뉴저지 버겐 카운티 데니스 맥너니Denis McNerney 카운티장을 만나서 설득을 한 끝에 버겐 카운티 저스티스 아일랜드Justice Island에 있는 홀로코스트, 아이리쉬 감자 대기근, 터키의 아르메니안 학살, 그리고 흑인 노예 역사를 알리는 기림비 옆에 위안부 기림비를 세우기로 했다. 그러나 당시만 해도 미국인은 물론 일부 한인정치인들마저 '부끄러운 과거의 역사를 왜 자꾸 들추어내느냐?'는 식의 부정적인 반응을 보였다. 결국 카운티장은 한인 밀집 지역인 팰리세이즈파크시로 기림비 문제를 넘겼다. 한인 사회의 반응도 그다지 신통치가 않았지만 인턴들은 포기하지 않았고 데니스 맥너니 카운티장과 함께 팰리세이즈파크 시의회를 찾아가 설득했다. 그러자 당시 로툰도James Rotundo 시장과 시의회는 파격적으로 타운의 땅을 내놓는 결의안을 통과시켰고, 버겐 카운티에서 큰 돌을 지원하고 한인 커뮤니티가 기금을 모아 기림비에 들어가는 동판을 제작했다. 그리고 드디어 세계 최초의 1호 기림비가 2010년 10월 23일 팰리세이즈파크 공립 도서관 앞에 세워졌다. 이 소박한 기림비는 미주 전역에 또 다른 기림비들과 소녀상 건립의 도화선이 되었다.

위안부 기림비 건립
뉴저지 버겐 카운티 팰리세이즈파크 공립도서관 앞에 세워진 위안부 기림비 앞에서 사진을 찍었다.
(왼쪽부터 김동석 소장, 박제진 변호사, 당시 기림비 건립에 참여했던 인턴과 인턴 코디네이터)

기림비 건립의 필요성을 설명하기 위해 팰리세이즈파크 시의회에 참석한 데니스 맥너니 카운티장과 시민참여센터 인턴들

2016년 10월 또 다른 기림비 건립을 위해 활약한 한인 학생들을 초청해 면담 시간을 가진 고든 존슨 하원의원은 "지역구 내 팰리세이즈파크, 해컨색, 유니온시티에 위안부 기림비가 있고 포트리에도 곧 생길 것"이라고 하며 "기림비를 통해 우리는 전쟁범죄와 희생자들에 대해 교육할 수 있다. 한 집단이 학대받고 노예화되었다는 것에서 홀로코스트와 굉장히 비슷한 일이다. 모든 전쟁 참사는 이야기되고 기억되어야만 한다"라고 강조했다. 그러면서 "위안부 문제는 한인 커뮤니티가 우리를 교육시켜준 것이다. 당신들의 이야기를 듣고 우리는 진실을 알게 되었다"라고 했다. 결의안이 상정되기 전까지 일제 강점기 위안부 문제에 대해 제대로 알고 있는 의원이 하나도 없었던 것이다. 한인들에게는 뼈아픈 역사적 사건이고 민감한 문제이지만 그것을 밖으로 알리지 않는 한 그것은 '우리들만'의 이야기가 되고 만다. 제대로 '목소리'를 내는 것이 중요한 이유이다.

위안부 문제를 정치적으로 해결하려고 했다면 아마도 결의안 통과나 기림비 건립과 같은 일들을 해낼 수 없었을지 모른다. 역사의 흐름에 새로운 물꼬를 트고 방향을 바꾸는 거대한 일을 해내는 힘은 '사람'이다. 그것도 평범한 시민 한 사람 한 사람이 그 '평범한' 힘을 한데 모으면 그것이 곧 역사가 된다.

홀로코스트 후예들의
진정한 힘

시민참여센터의 전신인 한인 유권자센터가 위안부 결의안 통과 후 2차 사업으로 세계 최초로 위안부 기림비를 세우는 과정에서 생각지도 못한 걸림돌이 있었다. 일부 참전 용사를 중심으로 한 주민들이 공공장소에 특정 민족의 기념비를 세워서는 안 된다고 반대하고 나선 것이다. 이들은 오래전부터 자신들의 커뮤니티 이름으로 제2차 세계대전 참전 기념비 건립을 추진했으나 특정 커뮤니티를 위한 기념물이라는 이유로 허가를 내주지 않았던 타운의 결정에 반감을 가지고 있었다. 이들의 반대가 어찌나 완강했던지 기림비 주변의 조경 사업은 손도 대보지 못한 채 1년이라는 시간이 흘렀다.

주민들을 설득하는 작업에 나선 우리는 위안부 기림비가 한인 커뮤니티만의 상징물이 아니라 전쟁 중에 성노예로 희생된 수십만 명의 아시아 여성들을 기리고 다시는 이러한 전쟁범죄가 되풀이돼서는 안 된다는 역사적 교훈을 주기 것이라는 점을 강조했다. 우리의 벤치마킹의 대상이자 든든한 원군이 되어준 것은 바로 유대인 커뮤니티였다. 사실 위안부 결의안 상정과 통과를 위한 캠페인에서부터 기림비 건립을 추진하는 동안 당시 한인 유권자센터 김동석 소장은 꽤 오랫동안 이스라엘 공공정책 위원회AIPAC를 연구하고 직접 행사에 참석하며 유대인 커뮤니티에 대해 파고들었다. 우리는 위안부 문제를 한국과 일본 사이의 외교적 사안이 아니라 여성 인권의 심각한 피해 사례로 보아야 하며 나치에게 희생당한 유대인 홀로코스트와 같은 차원에서 다룰 것을 주장했다. 이렇게 위안부 문제를 바라보는 시각을 누구나 공감할 수 있는 인권의 영역이라는 것을 지속적으로 설득하면서 비로소 난항을 겪던 기림비 문제가 해결점을 찾게 되었다.

막상 기림비가 설치되고 나자 이번에는 일본이 온갖 외교 채널을 총동원해서 기림비 철거를 위한 로비에 나섰다. 일본 총영사관은 타운에 일본의 벚꽃과 책을 기증하겠다며 기념비 철거를 요구했고 일본 의회에서도 대표단을 파견해 시의회 의원들을 설득했다. 그러나 타운 정부에서는 미국 시민들이 세운 기념비라며 철거를 단호하게 거절했다. 이는 사실 기림비 건립 당시 유대인 커뮤니티의 조언 덕분이었다. 기림비는 공공장소에 세워져야 하고 법적인 근거를 마련해야 하며 시민의 모금으로 비용을 조성해야 한다고 했다. 이 세 가지 원칙을 모두 충족시키기 위해 온갖 공을 들였으니 일본이 아무리 철거를 위해 백방으로 손을 쓴다 한들 '철거 법안'을 만들어 통과시키지 않는 이상 그 무엇도 통할 리가 없었다.

유대인 커뮤니티는 미국 사회에서 막강한 영향력을 행사한다. 미국을 넘어 세계의 정치와 경제를 이끌고 있는 커뮤니티라고 해도 과언이 아닐 정도이다. 세계 인구의 0.2%밖에 안 되지만 유대인 노벨상 수상자만 180여 명에 이른다. 미국 100대 기업의 40%가 유대인 소유이며 미국 최고의 명문대들이 모인 동부 아이비리그 대학의 교수진 40%가 유대인들이다. 그러나 미국에는 미국 내 유대인들의 복지나 이익을 위한 로비 단체가 없다. 최고의 역량을 자랑하는 막강한 유대인 로비 기구 AIPAC은 미국에서 사는 유대인들이 아니라 이스라엘의 이익과 전 세계 반유대주의 예방을 위해 활동하는 단체이다. 이는 굳이 로비를 통해 행정부나 의회가 나서도록 손을 쓰지 않아도 미국 사회의 내부적 이슈들은 국내 유대인 커뮤니티가 자체적으로 해결할 수 있는 기반이 있기 때문이다. 이 부분이 다른 소수 인종 커뮤니티들과 유대인 커뮤니티의 가장 다른 점이라고 할 수 있다.

AIPAC의 시작은 1947년 제2차 세계대전 당시 유대인들의

AIPAC에서 연설하는 네타냐후 총리

안전을 우려하는 7명의 유대인들에 의해 창설된 작은 단체였다. 이것이 정식 로비 단체로 확대되면서 1954년 공공정책을 위한 미국 시오니스트 위원회American Zionist Committee for Public Affairs 라는 이름을 거쳐 미국 이스라엘 공공정책 위원회AIPAC, American Israel Public Affairs Committee이 되었고, 1980년대 미국의 중동에 대한 무기 판매 반대 활동을 하며 급부상하였다. 사무총장의 연봉이 백만 달러 달하는 AIPAC의 로비 자금이 얼마나 되는지 구체적으로 알 수는 없다. 다만 AIPAC의 영향 아래 움직이는 개인 및 기업들이 미국의 외교정책 분야에서 수천만 달러에 달하는 로비 자금을 사용하고 있는 것으로 보인다.

유대인 이민자의 역사는 16세기 중반 네덜란드의 서인도회사 소속으로 브라질의 설탕 농장과 원목 벌채에 투입되었던 브라질계 23명이 뉴욕에 도착해 정착한 것이 시작이었다. 그 후 1723년 뉴욕에 첫 유대인 회당이 세워지면서 유대 사회의 중심지가 되었다. 뉴욕시에 가장 많은 커뮤니티 센터를 가진 소수계는 유대민족이다. 대표적인 한인 밀집 지역인 플러싱에만 13개나 있다. 유대인 회당인 시나고그Synagogues는 롱아일랜드에 180여 개, 맨해튼에는 100여 개에 이른다.

미국의 정재계, 언론 등 각 분야에서 두각을 나타내고 있는 이들의 힘의 원천은 바로 동네마다 세워진 유대인 커뮤니티 센터와 회당들이다. 이곳을 중심으로 다음 세대를 교육하는 다양한 프로그램을 실시하면서 그들의 가슴속에 유대계 미국인으로서의 정체성과 자긍심을 심어 주고 있는 것이다. 그리고 같은 유대인들끼리 뭉치면서 지역의 이슈들을 공론화하고, 부당한 점들을 개선하고 해결하는 데 힘을 모은다. 그와 동시에 유치원부터 노인센터에 이르기까지 다양한 서비스들을 지역 주민들이 같이 이용할 수 있도록 문을 활짝 열어놓으니 자연스럽게 커뮤니티의 영향력은 커질 수밖에 없다.

실제로 유대인 커뮤니티 센터를 가보면 '유대인 커뮤니티'

라는 말이 무색할 지경으로 다양한 인종의 사람들이 모여 있는 것을 볼 수 있다. 프로그램 안내 책자마다 "우리는 모두에게 열려 있습니다"라는 문구가 제일 위에 새겨져 있다. '영원한 이방인'으로 불리는 이들이 막강한 힘을 구축하게 된 근본적 원천은 바로 자신들의 정체성을 지키면서 지역 사회와 밀착된 관계를 만들어주는 이 커뮤니티 센터들인 것이다.

우리는 위안부 문제와 나치 홀로코스트를 결합시키면서 유대인 커뮤니티와 긴밀한 관계를 만들어가기 시작했다. 동서양에서 발생한 반인류적인 인권 침해 사례라는 공통점이 우리를 묶어주었다. 제일 처음 시도한 것은 생존자들끼리의 만남이었다. 2011년 아우슈비츠 수용소에서 살아남은 홀로코스트의 생존자 할머니들과 위안부 피해자 할머니들이 뉴욕 홀로코스트센터에서 만났다.

이 역사적인 만남은 생존자 할머니들 간에 같은 전쟁범죄의 피해자라는 공감대를 만들어주었다. 이후 일본 UN대표부를 방문해 서명지를 전달하는 자리에 동참한 홀로코스트 생존자 카츠 할머니는 확실한 답변 없이 자리를 피하려는 일본 공사를 붙잡고 "당신은 홀로코스트가 역사적 사실이라는 것을 인정하느냐"라고 물었다. 공사가 "그렇다"라고 대답하자 "그렇다면 왜 일본군 위안부를 인정하지 못하느냐"라고 카랑카랑한 목소리

위안부 피해자들과 홀로코스트 생존자들의 만남
2011년 12월 13일 미국 뉴욕 퀸즈보로 커뮤니티 칼리지의 종합공연장에서 일본군 위안부 피해자들과 홀로코스트 생존자들이 만났다. 이들은 한인 유권자센터 홀로코스트센터가 공동으로 주최한 행사에서 일본군과 나치 독일의 반인륜적 범죄에 대해 증언하고 일본에 위안부 문제에 대한 사죄를 요구했다. 홀로코스트와 위안부 생존자들인 (왼쪽부터) 한느 리브만, 에셀 카츠, 이용수 할머니, 이옥선 할머니이다.

로 나무라기도 했다. 이는 유대인 커뮤니티가 위안부 문제에 적극적으로 목소리를 높이는 전환점이 되었다.

유대인 커뮤니티와의 연대는 한인 사회에 갖는 의미가 크다. 무엇보다도 그동안 국제사회에서 인식 자체가 거의 없었던 일본군 위안부 이슈를 미국 주류 사회에 홀로코스트와 같은 주요 인권 사안으로 알리는 계기가 되었다. 기림비 건립과 생존자들 간의 만남과 함께 추진했던 또 하나의 프로젝트는 뉴욕 홀로코스트센터에서 일본군 위안부 추모 전시회를 여는 것이었다. 홀로코스트센터는 유대인 대량 학살을 고발하기 위해 유대인 커뮤니티가 세계 곳곳에 세운 기념관이다. 여기에서 한인 커뮤니티가 주도하는 전시회를 열기 위해 우리는 3년이라는 시간 동안 열 상자 분량의 자료와 생존자 할머니들의 증언을 듣고 홀로코스트센터와 함께 준비 작업을 벌였다. 그 전시회는 홀로코스트 리소스센터가 중고등학교 교육과정에 일본군 위안부와 관련한 인권 교육을 시키기로 결정한 것을 기념하는 전시회이기도 했다. 그리고 기림비 건립이 마침내 결실을 맺은 그 다음 해 드디어 전시회가 성공적으로 열렸다.

우리는 AIPAC의 로비 활동에 큰 힘을 실어주는 유대인 커뮤니티의 단단한 뿌리와 조직적인 활동에서 어떻게 하면 미국 주류 사회에서 힘을 키울 수 있는지를 배워야 한다. 역사의 비극은 그저 지나간 과거사의 한 페이지로 끝나서는 안 된다. 잊힌 역사는 반복되게 마련이다. 유대인 커뮤니티가 끊임없이 홀로코스트를 새로운 세대에게 교육하고 세상에 알리는 것처럼 분노와 슬픔에서 배움과 교훈을 얻고 그것이 후대에 길이 기억되어야 비극의 고리를 비로소 끊어낼 수 있다. 그것이 오늘의 우리가 일제 강점기의 비극적 역사를 바로잡기 위해 움직여야만 하는 이유이다.

동해와 일본해를
같이 써주세요

인구 820여만 명에 이르는 미국 버지니아주는 연방 수도인 워싱턴 D.C.와 붙어 있는 자타공인 정치 1번지이다. 그리고 서부의 캘리포니아, 동부의 뉴욕과 더불어 한인 동포들이 가장 밀집해 사는 곳으로도 유명하다. 그런 버지니아주에서 한인 커뮤니티가 역사의 한 획을 긋는 일을 해냈으니, 바로 공립학교 교과서에 동해와 일본해의 병기를 의무화하는 법안을 통과시킨 것이었다.

불가능해 보였던 이 법안의 통과가 가능했던 것은 한인들의 결집된 힘 덕분이었다. 주지사 선거와 주 하원의원 선거가 동시에 다가오자 주 정치인들이 전체 주 인구의 1%에 달하는 한인들의 표밭을 의식했던 결과였다. 버지니아주에만 49개에 이르는 한인 단체들이 똘똘 뭉치자 정치인들이 무시할 수 없는 압력을 느낄 수밖에 없었다. 실제로 리치몬드 의사당에서 동해 병기 법안 표결이 있었던 2월 6일 아침 일찍부터 한인 400여 명이 각 지역에서 버스를 타고 도착해 주 정치인들을 깜짝 놀라게 하는 일도 있었다.

사실 처음부터 한인 단체들이 적극적으로 법안 통과를 위해 발 벗고 나선 것은 아니었다. 사실 엄밀히 따지고 보자면 세 면이 바다로 둘러싸인 한국의 한쪽 바다 이름이 '동해'로 되어 있는지 '일본해'로 되어 있는지를 아는 미국인이 누가 있을 것이며, 그게 설혹 '일본해'로 되어 있다 한들 그것이 어떤 문제가 되는지 누가 신경이나 쓰랴. 실제로 처음 주 상원 교육위 소위원회에 상정되어 통과되었던 법안은 관련 상임위원회에서 반대 8표로 부결되고 말았다. 반대한 상원의원들은 "처음 동해 병기 법안이 올라왔을 때부터 이런 법안이 왜 올라왔는지 이해할 수 없었다. 그리고 일본 측으로부터는 법안 부결을 부탁하는 이메일을 수백 통씩 받았는데 한인 측으로부터는 그 어떤 반응도 없었다. 내가 잘 알지도 못하는 사안인데 부결이라는 결과가 나오는 게 당연하지 않나?"라고 말했다. 정치적 무관심이라는 것이 이렇게 무서운 것이다. 한인 단체들이 본격적으로 이 일에 뛰어든 것은 이때부터였다.

당시 일본은 법안 통과 후 새로 당선된 주지사가 서명하는 것을 막기 위해 버지니아주에 진출해 있는 250여 개 일본 기업들을 들먹이며 법안이 발효되면 일본과 버지니아주 간의 강력한 경제적 유대 관계가 타격을 입을 것이라고 협박했다. 그러나 한인 단체들이 힘을 모아 강력히 반발을 하고 나서자 주지사도 어쩔 도리가 없었다. '돈'을 앞세운 일본보다 '표'를 앞세운 한인들이 더 무서웠던 것이다.

이후 버지니아주의 선례를 따라 뉴욕에서도 동해와 일본해 병기를 의무화하는 법안을 추진하기 시작했다. 법안이 상정되고 나자 버지니아주에서 한 차례 패배를 맛본 일본이 더욱 적극적으로 반대 공세를 펼쳤다. 일본 뉴욕총영사가 하원의원 사무실로 공식적인 서한을 보내는가 하면 일본인들의 법안 반대 이메일이 각 의원들 사무실로 하루가 멀다 하고 날아들었다.

법안을 제출한 에드워드 브라운스타인Edward C. Braunstein 뉴욕주 하원의원과 토비 스타비스키Toby Ann Stavisky 상원의원은 법안 통과 가능성을 높게 보았다. 그러나 뉴욕주 하원교육위원회 위원장인 캐서린 놀란Catherine Nolan 의원이 지역구 사무실에서 보자고 해서 만났을 때 이 법안이 뉴욕주에서 통과되는 게 거의 불가능하다는 것을 알게 되었다. 뉴욕주에서는 교육 내용에 관한 법안을 의회에서 정할 수 없다는 불문율이 있다고 했다. 흑인들도 흑인 민권 운동의 역사를 교과서에 싣기 위해 노력했지만

뉴욕주 알바니 주의회에서 진행된 동해 병기 운동 기자회견

동해 병기 법안 통과 캠페인 법안이 뉴욕주에 상정이 되고 나서 시민참여센터에 모인 관계자들이 법안 통과 캠페인을 전개하기로 하였다.

성공하지 못했던 전례가 있었다. 그리고 특히 외교 권한이 없는 뉴욕주 의회에서 이 문제가 외교 문제로 비화되는 것을 의회 지도부에서 원하지 않는다는 것이었다. 그날 함께 회의에 참석했던 에드워드 브라운스타인 의원은 자신도 몰랐던 일이라며 그래도 방법을 찾아보자고 했다. 의원들이 지역구 주민들의 요구 사항이라며 끈질기게 물러서지 않았지만 현실은 그리 녹록치 않았다.

2014년, 2015년 관련 법안을 연이어 발의했지만 주 하원 교육위원회도 통과하지 못했다. 그렇다고 좌절하고 얌전히 물러설 우리가 아니었다. 한인 커뮤니티에서는 동해 병기 통과를 위한 특별위원회를 구성하고 당시 한인 유권자센터가 자체 개발한 서명운동 사이트를 통해 뉴욕주의 한인을 포함한 4만 명 이상이 지역구 상원·하원의원과 교육위원장, 당 지도부에 동해 병기의 당위성을 알리는 팩스를 일제히 보내 의원 사무실 팩스가 마비가 되기도 했다. 한인들의 이런 조직적인 활동은 뉴욕주 정치 역사상 처음 있는 일이었다. 그 사이 법안 통과를 위해 애써주던 의원들에게서 연락이 왔다. 뉴욕주 교육국 당사자들과 여러 번 만난 끝에 새로운 방법을 찾았다며 법안 통과 대신 교육국에서 내리는 교육 지침을 이용하는 것이 어떻겠느냐고 했다.

미국에는 국정교과서라는 것이 없다. 교사가 여러 회사에서 출판된 책들 가운데 고르는 것이 교과서가 된다. 교과서보다 더 중요한 것이 교사 자체이다. 같은 교과서를 가지고도 교사가 어떤 지침으로 가르치느냐에 따라 교육 내용은 확연히 달라진다. 그래서 교육 지침이 교과서보다 교육에 미치는 영향력에 있어서 보다 효과적일 수 있다는 판단을 하게 되었다.

스타비스키 상원의원과 에드워드 브라운스타인 하원의원은 주 교육국을 설득해 새로 개정되는 교과서에 동해와 일본해를 병기하고 뉴욕주 교육국은 뉴욕주 전체 공립학교 관할 교육국에 동해 일본해 교육지침을 하달하고 학생들에게 가르치도록 권고했다. 뉴욕주 교육국이 2019년 8월 6일자로 주내 공립학교에 하달한 '일본해·동해 관련 최신 지침Guidance for Sea of Japan/East Sea'을 보면 "뉴욕주 전역의 학교들은 역사적 중요성을 반영하는 용어들을 사용해야 한다. 그런 한 사례가 동해와 일본해의 명칭"이라며 "교사가 한국과 일본 사이, 아시아 동부 경계에 있는 수역을 동해와 일본해로 함께 언급하는 것을 권고한다"라고 되어 있다. 아울러 주 교육국은 1921년 국제수로기구IHO가 수역의 이름 표준화 목록을 만드는 기간에 한국이 일본 식민지 지배하에 있었기 때문에 이 과정에서 제외되어 일본해가 출판물에 사용되었던 것이라는 역사적 배경을 덧붙였다.

몇 년에 걸쳐 동해 일본해 병기 문제와 씨름을 하며 다시 한 번 뼈저리게 깨달았던 것은 한인 사회의 정치적 파워가 있어야 한다는 것이었다. 대형 기업들의 경제력을 등에 업은 일본의 로비를 이길 수 있는 힘도, 실익이 되지 않는 일 앞에서는 꿈쩍도 하지 않는 미 주류 사회 정치인들의 시선을 돌릴 수 있는 힘도 여기에서 나온다. 소수계인 한인 커뮤니티에 이런 든든한 힘을 실어줄 방법은 '작은 힘이 세상을 바꾼다'는 말을 실천으로 옮기는 것뿐이다. 한 방울의 물이 모여 실개천을 이루고 한 걸음이 모여 거대한 여정이 되듯 작은 실천 하나가 삶을 바꾸는 법이다. 진정한 변화를 원한다면 움직여야 한다.

3장

8080을 향해

투표가 기회다

　매년 4월 워싱턴 D.C.에서 열리는 AIPAC 총회에는 2만 명 이상의 유대인들이 참석한다. 일주일간 열리는 대회의 주제는 여성, 민주주의, 환경, 구제 등 다양하다. 그러나 무엇보다 중요한 주제는 이스라엘의 안보다. 이스라엘의 안보가 바로 미국의 안보라는 것이 이 대회의 핵심 안건이다. 그래서 미국의 시민들이 이스라엘을 지키는 데 동참해야 한다는 것이다.

　총회 후 만찬 자리에는 각 주를 상징하는 50개의 테이블이 놓인다. 그리고 성공한 유대인들이 각 테이블에 자리를 잡고 앉아 총회에 참석한 수백 명의 연방의원들을 기다린다. 그리고 대화를 통해 긴밀한 관계를 구축한다. 해마다 유대인들이 연방의원들에게 쓰는 후원금은 수백만 달러가 넘는다. 그 결과 미 의회가 매년 이스라엘에 수십억 달러를 지원하고 있으니 이스라엘 커뮤니티의 입장에서는 푼돈을 주고 목돈을 이스라엘로 보내고 있는 셈이다.

미국 내 유대인 인구는 전체의 2%에 불과하다. 그러나 연방의회에 진출한 유대계는 11%나 된다. 그렇기 때문에 미국에서는 유대계를 소수계라고 하기는커녕 오히려 미국에서 가장 막강한 영향력을 가진 커뮤니티라고 말한다. 그리고 세대를 거칠수록 그 힘은 더욱 커지고 있고 미국 사회에서 그 누구도 감히 무시할 수 없는 리더 그룹으로 인정을 받고 있다. 자신들의 권리와 이익을 위한 결집된 노력으로 미국 사회에서 기반을 다지고 그 힘으로 조국 이스라엘을 위해 기여하고 있는 것이다. 이런 힘은 바로 투표에서 나온다. 유대인들의 유권자 등록률은 무려 100%에 가깝다. 그리고 투표율도 단연 최고다. 연방의회에 포진해 강력한 입김을 자랑하는 유대계 의원들을 만들어낸 힘은 바로 '투표'다.

인류가 집단생활을 하기 시작하면서 집단을 제대로 움직이게 할 작동 방식이 필요해졌다. 이것이 '정치'이다. 왕정시대를 거쳐 민주주의가 탄생하고 나서 정치의 '주인'은 더 이상 '다스리는 자'가 아니게 됐다. 그 '다스리는 자'에게 힘을 주는 권리를 가진 절대 다수의 사람들이 바로 진정한 '주인'의 자리에 올

AIPAC 총회 모습

랐다. 나라의 존재 목표가 '왕'을 지키는 것이고 모든 백성들과 사회적 제도와 법은 오로지 '왕'을 위해서만 존재하던 시대는 가고 시민권을 가진 평범한 사람들이 시대의 주인이 된 것이다. 이들이 가진 가장 큰 무기이자 유일한 무기가 '투표권'이다. 개인의 행복을 보장하지 않는 국가의 정치를 향해 심판의 칼날을 휘두를 수 있게 만들어주기 때문이다.

다인종 다민족 연합국가인 미국을 움직이는 연방의회는 절대 다수가 백인들로 구성되어 있지만 흑인과 히스패닉, 아시안들도 포진하고 있다. 미국의 정치판은 전쟁터나 다름없다. 겉으로 보기에는 다 같은 미국인이지만 안을 들여다보면 저마다 자신들의 민족, 인종, 커뮤니티, 혹은 특정 이익집단의 이익을 위해 한 치의 양보도 없는 전략으로 치열한 싸움을 벌이고 있다. 자신을 지지하는 유권자들이나 정치 후원금을 주는 집단을 위해 정책을 만들고 법안을 발의하는 것이 당연하다. 이들을 움직이게 만드는 것은 '표'의 숫자다.

2024년은 한인 커뮤니티에 있어서 역사적인 해였다. 미국 대선과 함께 치러진 연방의회 선거에서 드디어 한인 사회의 오랜 바람이었던 연방 상원의원이 탄생한 것이다. 이번 선거로 한인 연방 상원의원 1명, 하원의원 3명이 의회로 진출하게 됐다. 최초의 한인 연방 상원의원에 당선된 앤디 김Andy Kim 의원은 지난 2018년 뉴저지주 중부 제3선거구에서 공화당 현직 의원인 톰 맥아더Thomas C. MacArthur 후보를 꺾고 처음으로 하원의원에 당선되면서 뉴저지주 최초의 아시아계 연방의원이 되었다. 그의 지역구는 백인 인구가 압도적으로 많고 아시아계가 드문 곳이다. 그런 지역구에서 이후 두 차례 선거에서 연거푸 승리를 거두며 3선에 성공했다.

지난 해 9월 뉴저지주 현역 상원의원인 로버트 메넨데스Robert Menendez 의원이 뇌물 수수 등의 혐의로 기소되자 앤디 김 의원은 바로 다음 날 상원의원 선거 출마를 선언하고 나섰다. 그

2024년 11월 앤디 김의 상원의원 당선 기념 파티

가 속한 민주당은 당 지도부가 지지하는 후보에게 특혜를 줄 수 있는 독특한 당내 경선 시스템을 가진 탓에 지금까지는 당 지도부에 '출마 신고'를 먼저 하고 그들의 지지를 구하는 게 관례였다. 그러나 그는 이런 관례를 따르는 대신 오히려 기득권에 맞서는 전략과 개혁적인 정치인의 이미지로 승부를 건 것이다. 오바마 행정부에서 국가안보 보좌관으로 일했던 중동 전문가인 그는 앞으로 외교 및 안보 분야에서 중요한 역할을 담당하게 될 것으로 보인다.

최초의 연방 상원의원의 탄생은 한인 커뮤니티가 미국 주류 정치에서 인정을 받는 상징적인 사건이다. 연방 상원의원은 기본적으로 상원에 '위원장'이라는 직함의 리더십 포지션을 갖게 된다. 일반적인 '정치인'의 수준을 넘어 막강한 정책적 영향력을 갖는 '급'이 다른 정치인인 셈이다. 실제로 흑인들이 흑인 관련 이슈를 내세우고 그것이 국가적 이슈가 된 것도 흑인 상원의원이 당선된 이후부터다. 1960년대 히스패닉 상원의원이 당선된 이후 히스패닉 관련 이슈들이 연방의회에 등장하기 시작한 것도 이와 같은 맥락이다. 이번 앤디 김 의원의 당선 이후 미국 정치권에서 한반도 관련 문제나 한인 커뮤니티 관련된 의제의 무게감이 완전히 달라질 수 있는 가능성에 한걸음 다가섰다는 기대를 품게 되는 것도 무리가 아니다.

이번 선거의 결과는 한인 커뮤니티의 정치력 신장이라는 면에서 우리의 '힘'을 증명해낸 것이다. 한인 유권자들의 표심이 어느 쪽으로 기우냐에 어떤 특정 지역, 경합 지역구에서 정치인의 당락에 영향을 미칠 수 있다는 것을 보여주었기 때문이다. 그리고 이와 더불어 한인 커뮤니티의 정치적 위치의 확연한 변화를 드러내는 것이기도 하다. 불과 10년 전만 해도 미국 연방의회 내 한인 의원과 한인 보좌관 숫자가 스무 명에도 미치지 못했지만 지금은 앤디 김을 포함한 네 명의 한인 하원의원과 70여 명이 넘는 한국계 보좌관들이 활동하고 있다.

아시아태평양계AAPI 유권자 정보에 따르면 아리조나, 조지아, 네바다, 노스캐롤라이나, 펜실베이니아 같은 주요 경합주에서 한국계를 포함한 아시아계 유권자들이 투표율이 크게 상승하면서 2020년 대선 결과에 큰 영향을 미쳤다고 한다. 이들의 분석 자료에 따르면 이때 한인 등록 유권자의 60%가 투표에 참여했다. 2016년 대선 투표 때 45%의 참여율을 기록한 것에 비하면 놀랄 만한 성장인 셈이다. 이런 수치적 결과가 보여주는 것은 하나다. 투표가 곧 힘이라는 것이다. 투표를 통해 미국 정치권에 진출하는 더 많은 한인 정치인들을 배출해야 한다. 한국계 의원들이 의회에 많아질수록 한인 커뮤니티의 힘이 커진다. 더 이상 소외당하는 '소수계'가 아닌, 유대인 커뮤니티처럼 막강한 영향력으로 인정받는 커뮤니티가 될 수 있는 기회를 만들 수 있는 유일한 방법은 '투표'뿐이다.

8080

1996년 처음 한인 유권자센터를 시작하면서부터 했던 것이 유권자 운동이었다. 한인 교회, 성당 등 종교 기관들과 한인 행사장, 한인 슈퍼마켓 등을 부지런히 돌아다니며 유권자 등록 캠페인을 벌였다. 그때만 해도 한인 커뮤니티의 관심은 그야말로 '제로'에 가까웠다. 투표하자고 독려를 하면 사람들은 오히려 색안경을 끼고 우리를 봤다. 거리에 나와서 사람들 붙들고 정치 얘기를 하는 걸 보니 너희들 민주당 아니냐는 이상한 오해도 받았다. 그 정도로 한인들의 미국 정치에 대한 지식이라고는 '전무'한 상태였다. 유권자 등록을 해야만 투표를 할 수 있는 미국 투표 시스템의 기본조차 모르는 이들이 태반이었다. 그래서 커뮤니티 행사가 있을 때마다 찾아다니며 유권자 등록 용지를 나눠

주는가 하면 유권자 등록일 마감을 앞두고 '어떻게 하는 거냐'고 문의를 해오면 일일이 등록 용지를 집으로 부쳐주기도 했다.

'투표합시다'를 부르짖다 보면 '투표가 밥 먹여 주느냐'는 핀잔 섞인 소리를 들을 때가 있다. 하지만 맞다. 투표가 밥을 먹여준다. 투표를 한다는 것은 그저 선거의 의무를 다하는 것이 아니다. 투표를 한다는 것은 우리의 주장에 힘을 실어줄 수 있는 유일한 무기를 휘두르는 일이기 때문이다. 다인종 다민족 국가인 미국에서는 뒷짐을 지고 멀찍이 물러나서 얌전히 기다린다고 누가 챙겨주지 않는다. 정치인들이 예산안을 책정하고 법안을 만드는데 우리의 '밥그릇'을 확실하게 확보하기 위해서는 목소리를 내야 한다. 과거에 비해 한인 유권자 등록과 투표율이 크게 늘면서 정치권에서 한인들의 요구 사항이나 제안을 정책에 반영하려는 움직임이 뚜렷해졌다는 것이 그 증거이다.

퓨리서치 센터의 미국 인구조사 분석 자료에 따르면 아시아계 유권자들은 미국 내에서 가장 빠르게 성장하는 유권자 층이며 그중 한국계 유권자들이 최근 몇 년 사이 크게 늘었다. 2000년부터 2020년 사이 아시아계 유권자가 139% 증가했는데 같은 기간 동안 한국계 유권자 수는 두 배 이상 늘어나면서 2022년 기준 약 180만 명에 달했다. 이는 전체 아시아계 인구의 8%에 해당하는 것으로 이들 중 110만 명 이상이 '등록 유권자'로 분류됐다. 전체 미주 한인 인구의 62%에 해당하는 숫자다.

한인 유권자센터에서 시민참여센터로 이름을 바꾸게 된 것은 투표 참여 캠페인이 어느 정도 성과를 거두면서였다. 아무도 관심이 없던 유권자 등록 운동을 포기하지 않고 꾸준히 하다 보니 '우공이산'처럼 유권자 등록률이 어느새 뉴욕과 뉴저지에서 50%를 달성한 것이다. '제로'에 가까운 수치에서 50%는 그야말로 '기적'에 가까운 것이었다. 그래서 이제는 단순히 유권자를 늘리는 데만 집중할 게 아니라 인정받는 커뮤니티가 되어 우리가 원하는 것을 얻기 위해 미국 사회에 제대로 '참여'할 수 있는 방안을 모색할 때라는 생각에 이름을 '시민참여센터'로 바꾸게 된 것이다.

우리가 우리의 권리를 찾는 방법으로 새로운 목표로 잡은 것이 '8080'이었다. '80%의 유권자 등록과 80%의 투표 참여로 미국 사회에서 인정받고 존경받는 한인 사회를 만들자'는 것이다. '80'은 꿈의 숫자가 아니다. 평균 수치일 뿐이다. 미국의 주별 평균 유권자 등록률이 80%에 이르고 투표 참여율도 80%에 달하며 주류 사회의 투표율은 거의 90%에 육박한다. 이에 반해 이민자 커뮤니티와 소수계의 투표 참여율은 50%에도 미치지 못한다. 영원히 '소수계'라는 꼬리표를 떼지 못하는 이유이다. 그러니 부단한 캠페인을 통해 일단 미국의 평균 유권자 등록률인 '80'이라는 숫자부터 따라잡아야 한다.

매년 유권자 등록 운동을 꾸준히 벌이다 보니 한인들의 유

H Mart에서 진행된 8080 캠페인
매년 시민참여센터 풀뿌리 인턴십에 참여하는 학생들이 매주 금요일, 토요일에 한인밀집 지역 상가에서 유권자 등록과 선거 참여 캠페인을 전개한다.

권자 등록률과 투표 참여율이 해마다 조금씩 늘어났다. 그리고 한인 정치인들의 숫자도 조금씩 늘어났다. 2020년 대선에 참여한 한인 유권자들의 수가 크게 늘어난 것은 고무적인 발전이다. 그리고 2024년 대선이 그 어느 때보다 중요했던 이유 중 하나가 연방 상원 선거였다. 한인 상원의원 후보 앤디 김이 도전장을 던졌고, 결국 최초의 한인 연방의원이라는 역사적 사건을 만들어냈다. 그리고 역사상 가장 많은 한인 후보들이 각 타운 선거에 출마를 했다. 새로운 한인 정치인들이 미국 정치판으로 대거 진출할 수 있는 절호의 기회였던 셈이다.

이렇게 한인들의 정치 참여율이 늘면서 눈에 보이는 변화가

앤디 김 의원과 타운홀 미팅

생겼다. 한인 커뮤니티 행사에 찾아오는 미국 정치인들이 늘어나고 우리의 요구사항에 대한 피드백도 빨라진 것이다. 한인들의 정치력이 커졌다는 반증이다. 타운홀 미팅이라든지 정치인과의 만남의 자리 등에서 뭔가를 요구하는 우리의 이야기에 귀를 기울여주는 경우가 많아졌고 그것이 법안으로 만들어지는 일이 생겨났다.

'인정받고 존경받는' 커뮤니티가 되기 위해서는 비록 숫자는 적지만 결집된 힘과 실력으로 미국 사회의 발전에 기여할 수 있어야 한다. 그러기 위해서는 주인의식을 가지고 미국 사회에 참여해야 한다. 한인의 정체성이 강한 지금 세대들이 한인 커뮤니티의 미래를 위한 확고한 주춧돌을 놓지 못하고 미국에서 나고 자란 다음 세대들에게 보고 배운 것이 없이 그런 주춧돌을 놓기를 기대하는 것은 무리이다. 가장 확실한 주춧돌이자 다음 세대들을 위한 가장 강력한 디딤돌이 '8080'이다.

뉴욕 시장과 함께 타운홀 미팅 진행
빌 드블라지오 뉴욕 시장과 피터 구 시의원이 베이사이드 초등학교에서 주민들과 함께 타운홀 미팅을 진행했다.

참여하고
또 참여해야 한다

　오늘날 인류가 지구 역사상 가장 강력한 문명을 창조하며 지구를 넘어 우주를 호시탐탐 노릴 수 있게 된 것은 내일을 생각하고 준비하고 투자하는 능력이 있기 때문이다. 환경이 변하면 빠른 속도로 생존 대책을 만들어내는 것이 인간의 본능이다. 다른 생물들에게는 없는 능력이다. 그래서 그들은 환경이 변하면 그 환경 속에서 어떻게든 적응하고 살아남을 수 있는 소수 개체만이 생존하고 나머지는 소멸하는 운명을 맞는다.

　인류는 하늘을 나는 방법을 발견한 지 100년 만에 지구를 넘어 우주로 날아갔다. 1969년 당시 미국은 소비에트 연방보다 더 빨리 달에 첫발을 내딛기 위해 무려 250만 달러, 요즘 가치로 환산하면 1,400억 달러를 투자했고 지금은 화성에 인류를 보내기 위해 1,000억 달러가 넘는 예산을 준비 중이다. 우주 개발뿐이 아니다. 각종 신약 개발, 미래의 에너지원 개발, 국가별로 자국의 미래를 이끌어갈 인재 개발 등을 위해 나라마다 막대한 국가 재정을 투입하고 있다. 모두가 오늘이 아닌 다가올 미래를 위해서다.

우리는 미래를 어떻게 준비하고 있는가? 저축을 하고 재테크를 하는 것으로 세상의 혼란과 변화를 대비할 수는 없다. 민간 우주 개발에 뛰어든 아마존의 제프 베조스Jeff Bezos와 일론 머스크Elon R. Musk와 같은 억만장자들처럼 해마다 수백만 달러를 쏟아붓는 건 상상도 할 수 없는 일이다. 그러나 똑같은 미래를 위한 투자이나 막연한 가능성을 위해 오늘의 시간과 돈을 부어 넣을 필요도 없고 심지어 그 효과가 그다음 해에 바로 나타나는 '가성비 끝판왕'의 투자가 있으니 그것이 투표다. 유권자 등록만 하면 누구나 할 수 있으니 별 다른 노력을 하지 않아도 된다.

최근 한인 유권자들의 관심사가 변하고 있다. 과거에는 지역 내 한인 사회 내부의 문제 개선이나 해결을 요구하는 수준이었다. 이조차도 우리의 목소리를 제대로 들어주려고 하는 정치인들이 없어 애를 먹었다. 그러나 요즘은 미국 사회의 주요 의제들로 관심의 초점이 조금씩 옮겨 가고 있는 것을 볼 수 있다. 특히 팬데믹 이후 한인 유권자들에게 가장 큰 이슈로 등극한 것은 경제 문제이다.

한인 커뮤니티의 자영업자 비율은 2023년 20%로 그 어느 커뮤니티보다 높다. 특히 이민 1세대들의 경우 언어 장벽과 고용시장의 외국인 차별, 제도적 자격 미달, 비자 제한, 문화적 차이 등의 이유로 비교적 진입 문턱이 낮은 음식점이나 식료품 가게, 리커 스토어, 청과물점, 세탁소, 네일숍 등의 스몰 비즈니스 오너로 미국에 정착하는 경우가 대부분이었다. 한인들의 자영업 규모는 대부분 고용 직원의 수가 10명 이하인 소규모가 90%에 이른다. 그러니 외교와 안보, 미국과 한국의 국가 관계라는 거시적 이슈도 있지만 당장 목구멍이 포도청인 우리에게 직접적으로 당면한 이민이나 보험, 노인 문제, 소상공인 보호 등에 관련된 법안이 가장 큰 현안일 수밖에 없다.

아메리칸드림을 꿈꾸며 미국으로 삶의 터전을 옮긴 이민 1세대의 목표는 자녀들을 최선을 다해 교육시키는 것이었다. 그래서 밤낮없이 부지런히 일을 해서 중산층 진입의 목표를 이루고 자녀 교육에 아낌없이 투자를 했다. 이렇게 앞만 보고 달려가기에도 바쁜데 '정치'가 관심사 축에나 낄 수 있으랴. 당장 먹고 사는 문제와 하등 관련이 없어 보이는 '정치'는 늘 뉴스나 신문 기사 속에만 존재하는 것이기 십상이었다. 그러나 한 세대의 정치적 무관심은 그 세대에서 끝나지 않는다. 이런 집단의 다음 세대가 아무런 기반도 없이 갑자기 주류 사회에서 커뮤니티의 미래를 짊어지고 나가는 역할을 잘 해낼 수 있을 리가 없기 때문이다.

    가난을 대물림하고 싶지 않아 이를 악물고 악착같이 돈을 벌었던 1세대의 노고 덕분에 한인 2세들은 높은 공직 및 전문직 진출률을 보이며 1세대의 바람대로 미국 사회에 성공적으로 안착했다. 그렇게 가난의 대물림은 끊을 수 있었으나 우리가 이들 위로 고스란히 옮겨 얹은 것은 빈약한 정치력의 대물림이다. 정치란 것이 결국 무엇인가. 여러 집단 속에서 자신들의 권리와 이익을 지키기 위한 활동이고 더불어 자신의 존재와 정체성을 지키고 확장하는 행위이다. 미국의 독립전쟁과 한국의 3.1 운동처럼 피의 대가로 쟁취한 자유가 공짜가 아니듯 정치력도 공짜로 얻어지는 것이 아니다.

    지난 1992년 LA 폭동에서 우리는 '정치력이 없으면 법의 보호를 기대할 수 없다'는 뼈저린 교훈을 얻었다. 백인 중심의 이민 사회에서 아일랜드계, 폴란드계, 유대인계, 아프리카계 등의 후발주자들이 정치 압력 세력을 형성하여 자신들의 권익을 도모하고 차별을 방지하며 더 나아가 모국과의 관계에 직간접적 영향력을 행사하는 것도 지켜봐왔다. 이제부터라도 1세대가 나서서 정치력을 신장할 수 있는 방법을 찾아야 한다. 정치력은 한인 커뮤니티의 생계에도 직결되는 문제이기 때문이다.

    그리고 이제는 아시아계 정치인도 있고 심지어 한인 정치인도 있다. 문제는 우리들의 이익과 권익 증진을 커뮤니티가 전략

뉴욕주 하원의원 투표소
2020년, 그레이스 멩 연방 하원의원과 론 김 뉴욕주 하원의원을 선거 투표소에서 만났다.

론 김 하원의원 후원 행사장 현장
2012년 뉴욕주 40선거구에 당선된 이후 2026년 8선에 도전하는 론 김의원 후원 행사장에서 함께 사진을 찍었다.

적인 생각과 활동을 하여야 한다.

론 김Ron Kim 뉴욕주 하원의원이 한인 커뮤니티의 주력 업종인 네일업과 세탁업을 지원하기 위해 주정부 기금 3백만 달러를 하원에서 발의하여 통과시킨 적이 있었으나 현실적으로 이루어지지는 못했다. 상원에서 이 예산을 대변해줄 정치인이 없었기 때문이었다. 론 김 의원이 지역구를 돌볼 시간도 없이 사방팔방 발로 뛰었지만 혼자 힘으로 해내기에는 역부족이었다. 네일업과 세탁업에 종사하는 한인 소상공인들 중 그를 돕기 위해 나선 이도 없었다. 만약 그때 이들이 직접 발 벗고 나서서 해당 업종에 종사하는 한인 커뮤니티 자영업자의 비율과 이들이 뉴욕 경제에 얼마나 기여를 하고 있는지를 자료화해서 끈질기게 상원의원들의 사무실을 찾아다니며 주 정부가 지원을 해주어야만 하는 이유를 전달하고 각 협회 회원들이 서명운동에 적극적으로 참여를 했더라면 결과는 달라졌을지 모른다.

2020년 2월 초에 시민참여센터는 뉴저지 한인 동포 단체들과 함께 주 상하원 37지역구 의원들을 불러 타운홀 미팅을 주관했다. 이날 버겐 카운티를 중심으로 활동하는 한인 단체들이 모두 자리를 함께했고 그중 네일 협회는 아주 구체적인 요구 사항을 들고 나왔다. 뉴저지 네일업 종사자의 수가 너무 부족한데 서류 미비자들도 네일 라이선스를 받을 수 있게 하고 주 미용국 이사에 한인을 지명해달라는 것이었다. 이날 참석한 37지역구

로레타 와인버그 주 상원의원과 고든 존슨과 벨러리 허들 주 하원의원 모두 노력해보겠다고 했다. 이후 뉴저지 주의회 상공위원회는 서류 미비자도 뉴저지주 라이선스를 받을 수 있도록 하는 법안을 통과시켰고, 주 하원에서도 곧이어 통과되어 9월 1일 머피 주지사가 서명을 하기에 이르렀다. 이 법안은 네일 협회가 요청을 한 것이었지만 이후 의사, 변호사, 약사, 회계사까지 여러 업종에 확대 적용이 되었다. 그리고 미용국 이사회에서 네일 협회가 추천하는 한인을 받아들였다고 로레타 와인버그 주 상원의원이 네일 협회에 알려왔다.

주 의회는 우리의 일상생활에 막대하고도 직접적인 영향력을 미치는 입법기관이다. 뉴저지 한인들은 이런 주 의회를 대상으로 아주 효과적인 시민참여 활동을 벌여 큰 성과를 이루어낸 것이다.

한인 정치인들의 뒷심은 한인 커뮤니티의 정치 참여도다. 뉴저지주의 예를 들어보자. 조사 결과에 따르면 뉴저지주 유권자 등록률은 90%에 육박하나 한인은 50% 선을 넘지 못하고 있다. 투표 참여율도 전체 투표율의 3분의 1 수준에 불과하다. 그럼에도 불구하고 한인 밀집 지역인 버겐 카운티에서 한인 정치인들이 많이 나온 것은 그야말로 다행인 일이다. 그러나 앞으로 커뮤니티가 제대로 대접받기를 원한다면 적어도 80% 이상은

뉴저지 타운홀 미팅
많은 한인들이 타운홀 미팅에 참석했다.

타운홀 미팅에 참석한 정치인들
2020년 당시 왼쪽부터 벨러리 허틀 뉴저지주 37지역구 하원의원, 로레타 와인버그 주 상원의원, 고든 존슨 주 하원의원, 사회를 보고 있는 박제진 시민참여센터 스탭 변호사

유권자 등록을 하고 80% 이상은 투표를 해야 할 것이다. 그렇지 않아도 소수인데 유권자 등록도 투표 참여도 하지 않는 집단으로 찍히면 존재감도 없고 아무도 신경 쓰지 않을 수밖에 없다. 사회적으로 그저 리서치 조사를 위해 분류해놓은 '이름'만 존재하는 커뮤니티 그 이상도 그 이하도 아니다. 미국은 수많은 소수계 커뮤니티와 이익집단들이 자신들의 이익을 위해 치열하게 혈투를 벌이는 곳이다. 한 번 밀리기 시작하면 계속 밀리다가 낭떠러지에 다다르게 된다. 미국 사회에 우리의 존재를 보여줄 수 있는 방법에는 지름길이 없다. 이것이 우리가 정치 참여에 관심을 기울여야 하는 이유이다.

소수계의 방패는 소수계의 노력으로 선출된 정치인의 숫자다. 미국에서 동등한 대우를 받으며 살기 위한 유일한 길은 의회에서 우리의 목소리가 동등하게 울려 퍼지게 하는 것이다. 정치 참여가 우리의 희망을 현실로 만들어줄 수 있는 유일한 길이다. 돈도 들지 않는데 투자 효과는 기다릴 필요도 없이 바로 나타나는 투자. 이보다 더 확실한 미래를 위한 방법이 또 있겠는가.

풀뿌리 운동의
대물림

　'풀뿌리 민주주의'라는 말이 처음 등장한 것은 1935년 미국 공화당 전당대회에서였다. 한 상원의원이 이날 연설에서 패거리 문화와 금권정치에 물들어 타락한 미국 정치를 비난하며 시민 사회 단체 등이 중심이 되어 이런 정치 현실을 견제하는 풍토를 만들어가자며 'Grassroots Democracy'라는 표현을 쓴 것이다. 말 그대로 '참여 민주주의'를 역설한 것으로 이렇게 탄생한 '풀뿌리 민주주의'라는 용어는 지역 현안에 주민들이 자율적으로 참여하여 적극적으로 의견을 반영하는 제도를 의미하는 것으로 자리를 잡았다.

　시민 참여와 주민 자치를 뜻하는 말에 왜 하필이면 '풀'이라는 단어가 등장을 했을까. 눈보라가 몰아치는 산 중턱에서든,

비바람이 몰아쳐도 숨을 곳 하나 없는 벌판에서든 끈질긴 생명력으로 자연에 순응하며 살아가는 이름 없는 풀들. "군자의 덕은 바람이요, 소인의 덕은 풀이다. 풀 위로 바람이 불면 풀은 바람이 부는 방향으로 따라 눕게 마련이다." 춘추시대 노나라의 실권자 계강자의 물음에 공자가 답한 말로 권력을 가진 위정자들이 맑아야 그 아래 백성들이 맑다는 의미로 백성을 처음으로 '풀'에 비유한 것이다. 사실 백성과 '풀'을 조합한 '민초'라는 말이 처음 만들어진 곳은 일본이다. 그리고 우리나라에도 들어와 흔히 쓰이고 있는데 한 나라의 근본을 이루는 국민을 뜻하는 '백성'에 비해 '민초'는 백성을 질긴 잡초에 비유해 평범하고 미미하여 '바람이 부는 방향으로 따라 눕게 마련'이지만 절대 다수를 이루고 아무리 밟혀도 살아남는 저력이 보다 강하게 느껴진다.

'풀뿌리'의 힘은 역사가 보여주고 있다. 천하의 주인은 백성이며 군주는 객이다. 맹자에 보면 백성이 가장 귀하고 다음이 나라이고 임금은 가장 가벼운 존재라는 말이 있다. 그런데 군주가 주인 행세를 하며 백성들을 소홀이 여기다가 민초들에게 심판을 당한 예는 그 옛날로부터 현대까지 차고 넘친다. 다산 정약용도 '벼슬하는 사람이 두려워해야 할 네 가지'로 '권력 당국, 감독 기관, 하늘, 그리고 백성'을 꼽았다. 백성들이 먹고 살기 바빠 정치에 관심이 없고 그저 위에서 누르면 누르는 대로 침묵하는 것 같지만 결코 그렇지 않다. 역사를 보면 대부분의 '난'은 백성들에게서 시작되었고 그 '난' 끝에 늘 세상이 바뀌곤 했다. 백성은 물과 같고 군주는 배와 같아서 강물의 힘으로 배를 띄우지만 강물이 화가 나면 풍랑을 일으켜 배를 뒤집을 수도 있다. 이것이 '풀뿌리'의 힘이다.

시민참여센터에서는 창립에서부터 '풀뿌리 운동'을 지향해 왔다. 1997년 한인 유권자센터로 출발하면서 활동을 시작한 후 지금까지 뉴욕과 뉴저지에서 5만 명이 넘는 한인들이 유권자로 등록하였다. 뉴욕은 2000년 인구조사 후 한인 인구가 1만 명 이상이 되어 한국어 유권자 등록 서비스와 한국어 투표 용지를 확보할 수 있었다. 그리고 2006년에는 영어에 서툰 한인들이 투표권을 자유롭게 행사할 수 있도록 뉴저지 버겐 카운티에서 한국어 투표 서비스 시행을 주도했다. 모두가 '풀뿌리'들을 결집하기 위한 노력이었다. 그곳에서부터 거대한 정치판을 움직일 수 있는 미세한 파장이 시작된다. 진정한 변화는 위에서 아래가 아닌, 아래에서 위로 올라가면서 만들어지는 것이다.

우리가 지향했던 '풀뿌리 운동'의 첫 결실이 2007년 위안부 결의안 통과였다. 그때 그 누구도 귀담아 들어주지 않던 우리의 목소리를 전달할 수 있는 방법은 '풀뿌리'밖에 없다고 생각했다. 그리고 그것은 그 이후 한인 유권자센터 지금의 시민참여센터로 이어지는 우리의 DNA와 프로젝트 추진 방법의 핵심이 되었다. 안건Agenda 설정을 하고 그것을 어떻게 이슈화할 것인가를 논의하고 그다음으로 우리의 메시지를 전달할 대상을 정하고 이를 어떤 방식으로 추진하고 이어갈 것인가를 결정한다.

풀뿌리 운동이 정착을 하고 난 후 미국 하원의 위안부 결의안 통과 7주년이 되는 2014년 7월 30일, 우리는 미국 전역의 한인 풀뿌리 활동가들을 워싱턴 인근 한 호텔로 초대해 '한인 풀뿌리 콘퍼런스Korean American Grassroots Conference'를 열었다. 워싱턴에 다 함께 모여 우리도 한번 연방의원 의원실을 방문해 우리의 안건을 설명하고 설득하는 활동을 시도해보자는 생각으로 서로의 노하우를 공유하고 결의를 다지기 위한 자리였다. 연방 의원실 방문은 많은 미국의 환경단체나 시민단체들이 의원들을 상대로 펼치는 일반적인 풀뿌리 로비 방식이다. 한인 커뮤니티도 이를 통해 의회에 영향력을 키울 수 있게 되기를 바라는 마음이었다.

출신국 또는 민족 단위로 자기 커뮤니티 이익을 위한 풀뿌리 활동을 하는 경우는 주로 이민의 역사가 짧거나 미국 사회에 동화가 덜 된 이민자 커뮤니티의 경우가 많다. 세대가 바뀌고 주류 사회에 편입된 이들이 많아질수록 민족 단위나 출신 국가별 정체성도 약해지기 때문이다. 그런데 유대인 커뮤니티는 미국 사회에 완전히 뿌리를 내리고도 해가 갈수록 더욱 강한 유대계

한인 풀뿌리 콘퍼런스
미국 전역의 한인들이 한자리에 모여 한인 사회의 정치력 신장과 한미 관계 발전 방안 등에 대한 의견을 나누는 동시에 지역 연방 의원 사무실을 방문하고 만찬에 초대하는 행사로 시민참여센터 주도로 시작했다가 2018년부터는 분리하여 독립적으로 진행 중이다.

뉴욕주 연방 하원의원 캐롤린 말로니 의원실 방문
한인 풀뿌리 콘퍼런스 참석자들과 함께 캐롤린 말로니 뉴욕주 연방 하원의원실에 방문했다.

미국인으로서의 정체성을 유지하고 있다. 최초의 한인 풀뿌리 콘퍼런스는 이런 유대인 로비 조직 AIPAC을 벤치마킹하며 기획되었다. 한인의 80%가 유권자 등록을 하고 그 중 80%가 투표장에 나오는 것이야말로 우리가 유대계와 비슷한 지위를 누리는 지름길이라는 것이 우리의 확고한 믿음이었다.

당시 첫 해에만 전국에서 250여 명의 한인들이 참여할 정도로 열기가 뜨거웠다. 모두가 어떻게 한인 커뮤니티를 강화하고 정치력을 신장할지에 대한 염원과 필요성을 느끼고 있었으나 구체적으로 어떻게 해야 할지 고민만 하고 있었던 것이다. 이어서 우리는 대학생으로 그 대상을 확대하기로 했다. 시민참여센터의 구호 1번이 '동포사회의 미래를 열어가는 시민참여센터'일 만큼 미래에 대한 투자는 우리에게 중요한 프로젝트였다. 그래서 2015년 아베 전 일본 수상이 하버드대에서 강연을 하러 온다는 것을 알고 시민참여센터의 직원인 박제진 변호사를 보내 한인 리더인 대학생들을 미리 교육하기도 했다. 그 결과 당시 하버드 경제학과 2학년 조셉 최가 강연이 끝난 뒤 아베 수상에게 "일본 정부가 수십 만 명의 여성들을 강제 성노예로 만든 데 개입한 사실을 총리는 부인하는가?"라는 돌직구 질문을 던져 아베 수상을 '멘붕'에 빠트리기도 했다. 그리고 그는 같은 해 10월 공화당의 대통령 후보였던 트럼프에게 "주한미군 주둔을 위해 한국이 아무 것도 부담하지 않는다고 한 것은 사실과 다르다"라며 한국 정부의 분담금 액수를 구체적으로 제시하여 트럼프의 엉터리 논리를 정면으로 반박하기도 했다. 당황한 트럼프가 "당신은 한국 사람인가?"라는 질문을 던지자 그는 "아니다. 나는 텍사스주에서 태어나 콜로라도주에서 성장했다"라며 "내가 어디 출신이건 관계없이 사실을 바로잡고 싶다"라고 대답했다. 이런 대학생들이야말로 한인 사회를 이끌어갈 미래의 기둥들이 아닌가.

　대학생들을 대상으로 한 첫 전국 한인 대학생 풀뿌리대회 KAGCU, Korean American Grassroots Conference University가 2016년 뉴욕 맨해튼에서 개최되었다. 미주 한인 사회의 정치력 신장을 위해 미래의 주역이 될 차세대 한인 대학생들의 네트워크를 구축하고 유권자 등록 등 풀뿌리 운동을 좀 더 조직화하는 것이 한인 대학생 풀뿌리대회의 목적이었다. 조셉 최 학생을 포함해서 하버드, 에모리, USC 등 미 전역의 23개 대학에서 53명의 학생들이 참가했다. 대부분 한인학생회를 이끌고 있는 리더들이었다. 그리고 그 현장에서는 2014년, 뉴저지 연방하원 제5지역구의 6선 거물 스캇 가렛에 도전했던 한인 2세 로이 조 변호사가 특별 연설자로 나서서 한인 2세 정치인으로서의 생생한 경험담을 들려주었다.

　이 대회에서 시민참여센터는 한인 이민 역사와 풀뿌리 활동의 중요성을 교육하고 캠퍼스에서 유권자 등록 운동을 어떤 식으로 전개할 것인지에 대한 노하우와 가이드라인을 전수해서 가장 많은 유권자 등록을 받은 캠퍼스를 뽑아 상을 주기도 했다. 이때의 인연으로 졸업 후 뉴욕 스케이든Skadden 로펌의 변호사가 된 조셉 최는 시민참여센터의 이사로 활약하고 있기도 하다. 이후 KAGCU를 통해 매년 미 전역의 25~30개 대학교에서 한인 대학생들이 시민참여활동에 관해 교육을 받고 캠퍼스 유권자 등록 운동, 한인 전문직들과의 멘토십, 세미나 등 다양한 내용들의 프로그램에 참여하고 있다. KAGC와 KAGCU는 현재 그 자체만으로 규모가 꽤 큰 행사로 성장하여 워싱턴에 따로 사무실을 내어 독자적으로 활동을 하고 있다.

미국의 유명 정치인들은 대부분 대학생 시절부터 정치에 관심을 가지고 활발한 활동을 펼치면서 정치에 대한 경험을 쌓고 이를 기반으로 정계에 진출하는 것이 공식이다. 정치력도 내공인 것이다. 한인 대학생 풀뿌리 콘퍼런스는 한인 풀뿌리 운동의 동력을 강화하는 목적도 있지만 더 나아가 유망한 차세대 한인 정치인과 미래의 시민운동가를 길러내는 의미도 크다. 실제로 이때 콘퍼런스에 참가했던 한인 대학생들 중 이후 의회 보좌관이 된 이들이 많이 생겨났으며 지금은 백여 명이 넘는 한인 보좌관들이 활약 중이다.

성공적인 한인 대학생 풀뿌리대회 이후 2017년부터는 2004년부터 시작하였던 고등학생 풀뿌리 인턴십도 단순한 인턴이 아니라 보다 정교한 인턴십으로 프로그램을 업그레이드시켰다. 프리세션Pre-Session, 서머 세션Summer-Session, 포스트 세션Post-Session으로 나눠서 진행하고 미주 한인 사회 역사 교육과 한인 유권자 등록 및 투표 참여 캠페인 참여, 선거 후보자에 대한 정보 및 선거 가이드 발간, 지역 및 연방 정부 기관에 대한 이해 및 견학, 뉴욕과 뉴저지 주 상하원 의원 면담 등의 다양한 프로그램으로 구성했다. 첫 선발 인원은 뉴욕과 뉴저지에서 각각 스무 명씩이었다. 2004년부터 시작된 고등학생 대상 인턴십을 거쳐간 학생들이 600여 명이 넘는다.

풀 몇 포기는 조금만 힘을 주어도 뽑힌다. 그러나 여러 풀뿌리의 뿌리가 서로 얽히고설켜 있으면 누구도 쉽게 뽑을 수 없다. 풀뿌리들에게는 그 수를 늘리고 네트워크를 만들어가는 것이 서로의 생존의 기반이고 힘이다. 10대부터 대학 캠퍼스의 차세대 한인 리더들, 그리고 젊은 한인 정치인들까지 협력한다면 미래 한인 정치력에 기대를 걸어도 좋지 않을까.

앤디 김 의원과 온라인 미팅
인턴들이 인턴십으로 워싱턴 의회를 방문하기 전 미리 앤디 김 의원과 온라인 미팅을 하며, 의정 활동을 듣고 질문했다.

앤디 김 의원 사무실에 방문한 시민참여센터 인턴들

톰 수와지 연방 하원의원 사무실에 방문한 시민참여센터 인턴들

정치도 안목

'정치'라는 게 없었던 옛날에는 시대를 바꾸는 유일한 방법은 전쟁으로 세상을 뒤집는 것뿐이었다. 그러나 민주주의가 생겨난 현대사회에서는 정치를 통해 정책으로 시대를 바꾼다. 언뜻 듣기에는 보다 평화적인 방향으로 진화한 것 같지만 전쟁과 정치는 '싸움'이라는 면에서 본질은 같다. 자신을 지지해주는 집단을 위해 대표로 나서는 정치인들끼리 치열한 '전투'를 벌이고 이기고 돌아온 대표는 다시 지지를 받고 정치 생명을 연장한다. 그러니 그 '대표'를 잘 골라 뽑는 것이야말로 각 집단의 이익과 생존을 위해 가장 중요한 첫 단추인 것이다. 이렇게 제대로 된 '대표'를 뽑기 위해서 필수적인 것은 바로 뽑는 사람의 '안목'이다.

안목은 '사물을 보고 분별하는 견식'을 의미한다. '분별하다'라는 뜻의 영어 단어 중에 Distinguish과 Discern이 있다. 'Distinguish'는 사랑하는 사람의 목소리와 다른 사람의 목소리를 구분하는 것처럼 차이를 분별할 줄 아는 것이다. 반면에 'Discern'은 미세한 차이를 알아보는 섬세한 안목으로 사랑하는 사람의 목소리만 듣고도 그 사람의 현재 감정 상태를 파악해낼 줄 아는 능력이다. 이런 안목은 모든 선택에 있어 중요한 기준점이 된다. 좋은 인재와 나쁜 인재를 구분할 줄 모르면 나쁜 인재를 요직에 앉히게 되고 나쁜 지도자를 뽑아 권력을 쥐어주면 나의 삶이 힘들어진다. 물건 하나를 고르는 일에서부터 사랑하는 동반자를 선택하고 지도자를 선택하는 것도 같은 안목에서 출발한다.

미국에서 전 국민의 가장 큰 관심이 집중되는 선거는 뭐니뭐니 해도 대통령을 뽑는 대선일 것이다. 독특한 형태의 간접 선거 방식으로 치러지는 미국의 대통령 선거는 복잡한 과정을 거친다. 첫 단계는 각 정당 지지자들이 후보자들에 대한 비밀 투표를 하는 예비 선거와 정당 지지자들이 모여 토론하고 후보자들을 지지하는 공개된 모임인 코커스Caucuses로 이루어진다. 2월 초 아이오와주를 시작으로 9월 초 노동절까지 전국 50개 주에서 10개월에 걸쳐 벌어지는 대장전이다. 그리고 나서 전당대회를 통해 각 정당은 대통령과 부통령 후보를 공식적으로 지명 발표하고 11월에 본 선거가 실시된다. 국민들은 자신이 지지하는 후보에게 표를 던지지만 실제로는 정당에 투표를 하는 셈이다. 유권자 수에 따라 각 주마다 배정된 선거인단의 수에 차이가 있는데 승자 독식 원칙에 따라 득표 수가 많은 정당이 선거인단의 100%를 가져간다. 따라서 캘리포니아, 텍사스, 뉴욕, 플로리다 등 선거인단 수가 많은 주에서 어느 정당이 득표를 많이 하느냐가 대선 결과에 중요한 영향을 미치게 되는 것이다. 당선을 위해서는 전체 선거인단의 과반수 이상의 표를 확보해야 한다. 11월 선거 결과에 따라 선출된 선거인단이 직접 투표로 대통령을 선출하는 마지막 과정이 남아 있지만 이미 어느 당의 대통령과 부통령 후보가 당선될지 결정이 된 상태이므로 12월 2차 선거는 그저 명목상의 절차라고 봐도 무방하다.

    미국은 크고 작은 선거가 참 많다. 시민참여센터에서는 해마다 각종 선거 일정과 정당 분포도, 주 의회의 구성과 역할 및 한인 밀집 지역의 상하원 의원 명단 등을 수록한 안내 책자를 배포하고 있다. 조금이라도 정치에 대한 관심을 유도하려는 목적이다. 최소한 내가 살고 있는 선거구의 상하원 의원 이름과 정당, 주요 정책 정도는 알아야 제대로 투표를 할 수 있지 않겠는가. 그리고 선거일에는 투표소 감시 및 출구 조사와 투표소에서 유권자들이 겪는 문제들을 즉시 해결할 수 있도록 핫라인 서비스도 제공하고 있다.

2024년 뉴저지주 선거 가이드북

시민참여센터는 매년 선거 때마다 뉴욕, 뉴저지 한인 밀집 지역의 후보자들에 관한 정보와 정책을 책으로 만들어 배포하고 온라인으로도 홍보한다.

대통령 선거율은 비교적 높은 반면 주별로 치러지는 지역 선거의 투표율은 바닥을 치는 이유는 간단하게 말해서 '누구를 찍어야 할지 모르기 때문이다. 전 국민적 관심이 집중되는 대선은 언론에서 각 후보들의 쟁점 공약을 집중적으로 보도하기에 대중적인 화제가 되기 쉽다. 그러나 연방 정치인들이나 주, 카운티, 타운 정치인들의 공약은 쉽게 접하기 어렵고 관심도도 낮아서 선거에 나온 후보자가 누군지도 모르는 경우도 허다하다. 미국의 지역 정치인들은 자신들을 소개하는 일에 그리 적극적이지가 않다. 그래서 구체적인 정보를 찾을 수 없는 후보들도 많다. 그만큼 투표율도 낮을 수밖에 없다. 시민참여센터에서 각종 선거에 대한 정보를 커뮤니티에 전달하기 위해 백방으로 애를 쓰는 것은 한 사람이라도 더 투표에 참여하도록 하기 위한 것이지만 사실 그보다 더 중요한 것은 누구를 뽑을 것인지 제대로 판단하는 일을 돕기 위해서다.

유권자들이 정말로 유심히 보아야 할 지도자의 덕목은 정직한 정치인인가, 그리고 자신의 실수를 인정할 줄 아는가 하는 것이다. 지도자가 거짓말을 하거나 사실을 왜곡하면 국민들은 그에 대한 신뢰를 잃고 더 이상 그의 결정이나 지침을 따르지 않으려 할 것이다. 신뢰는 모든 리더십의 기반이다. 리처드 닉슨 Richard Nixon 대통령의 예가 대표적이다. 외교와 경제 정책에서 성공적인 지도자로 평가를 받았으며 특히 소련과의 긴장 완화,

중국과의 관계 정상화라는 외교사의 큰 업적도 남겼음에도 불구하고 워터게이트 사건을 은폐하려 했던 시도가 드러나자 결국 대통령직을 사임하고 정치적 몰락의 길을 걷게 되었다.

지도자의 정직성은 국가 구성원 전체의 윤리 기준을 설정하는 역할을 한다. 윗물이 맑아야 아랫물이 맑다는 속담은 진리이다. 정직한 지도자라야 정치인과 공무원들에게도 투명성과 윤리적 행동을 당당하게 요구할 수 있고 조직 전체의 문화로 자리 잡게 할 수 있다.

'정치인도 사람'이라고 한다. 사람은 누구나 실수를 할 수 있고 완벽한 지도자란 존재하지 않는다. 중요한 것은 자신의 실수를 제대로 인정하고 바로잡기 위해 노력하느냐 하는 것이다. 실수를 겸허하게 인정하는 지도자는 그 자체로 겸손함을 드러내는 것이며 이는 다른 정치인들과 국민들과의 소통을 원활하게 만들어준다. '직언'을 들을 준비가 되어 있고 수용할 자세가 되어 있는 지도자를 향해 언성을 높일 이유가 뭐가 있으랴. 부족함을 인정하면 자신의 평판에 흠집이 날까 두려워하기 쉽다. 그래서 자꾸 감추고 덮으려고만 하게 되는 것이 사람의 본능이다. 그러나 장기적으로 봤을 때 과감한 솔직함이야말로 훨씬 큰 자산을 안겨준다. 당장은 손해를 보는 일이 될지라 해도 이로 인해 생겨난 신뢰로 인해 향후 어려움이 닥쳤을 때 국민들은 지도자를 더 믿고 따르게 될 것이기 때문이다.

지금 시대가 요구하는 지도자의 주요 덕목으로 또 빼놓을 수 없는 것을 꼽자면 '통합'을 위한 의지이다. 지난 2024년 대선 후보 유세장에서 울려 퍼진 총성은 특정 후보를 향한 단순한 폭력 그 이상의 의미를 지닌다. 이는 현재 미국 사회 전반에 분열과 증오가 얼마나 깊게 뿌리를 박고 있는지를 적나라하게 드러내는 사건이다.

인간 사회에서 경쟁은 피할 수 없는 일상이다. 선의의 경쟁은 발전을 이끌어내지만 극단적인 경쟁은 파국을 불러일으킨다. 피를 나눈 형제자매 사이에도 이 '경쟁'으로 인해 비극을 초래하는 경우가 다반사다. 오늘날의 세계에서 자국의 생존과 부강을 위한 경쟁은 그 어느 때보다 치열해졌다. 그리고 안타깝게도 자비와 용서, 화해보다는 '누가 이기나 끝까지 가보자'는 식의 무한 충돌로 가는 경우가 더 많아졌다. 마치 서로를 죽고 죽이는 비극적인 운명을 맞이한 카인과 아벨처럼 러시아와 우크라이나 간의 전쟁은 끝날 줄을 모르고 이 깊어지는 대립과 증오에 기름을 붓고 있는 것은 다름 아닌 각국의 지도자들이다. 전쟁 종식을 위해 애쓰고 중재에 나서며 평화를 촉구해야 할 그들이 오히려 전쟁을 부추기고 무기 지원을 확대하고 있다.

이스라엘과 팔레스타인의 대치에 있어서 미국은 공개적으로 이스라엘을 말리는 시늉은 하고 있지만 실제로는 엄청난 전비와 무기를 이스라엘에 지원하고 가용할 수 있는 모든 정보자

산을 넘겨주고 있다. 분단 70년을 넘긴 한반도 역시 마찬가지이다. 언제부터인가 화해를 위한 노력보다는 군사력 증강에 더욱 몰두하며 한반도를 대량 살상 무기가 가득한 언제 터질지 모를 화약고로 만들고 있다.

카인과 아벨의 운명을 맞지 않기 위해서는 분열보다는 통합을 부르짖는 지도자를 선택해야 한다. 선거 유세장을 상대에 대한 분노에 찬 불신과 공격으로 물들이는 정치인은 이 나라의 시계를 1861년 남북전쟁 당시로 되돌려놓는 것이나 다름없다. 유세장을 피로 물들인 총격 사건은 미국 사회의 분열이 임계점에 다다랐음을 여실히 보여주는 섬뜩한 경고다. 이 분열의 골이 더 깊어지지 않도록 제대로 된 지도자를 골라내는 안목을 키우는 일이야말로 미래를 위하는 길이다. 안목은 경험을 통해 훈련하고 발전시킬 수 있다. 선거에 참여해서 좋은 후보를 골라내는 연습을 하면 할수록 더 나은 지도자를 선택할 가능성은 높아질 수밖에 없다.

4장

운명은 개척하는 것이다

팬데믹의 심판대

어느 날 한 체로키족 할아버지가 손자를 앉혀 놓고 이렇게 말했다.

"너의 마음속에서 두 마리의 늑대가 끔찍한 싸움을 벌이고 있어. 늑대 한 마리는 두려움, 분노, 시기, 탐욕, 오만, 이기심을 대표하고 다른 한 마리는 기쁨, 평화, 사랑, 희망, 친절, 관대함과 믿음을 대표해. 이런 싸움은 너뿐만 아니라 모든 사람의 마음속에서 벌어지고 있단다."

손자는 잠시 생각에 잠기더니 이렇게 물었다.

"그럼 어느 늑대가 싸움에서 이기게 되죠?"

할아버지는 빙그레 미소를 지으며 다음과 같이 대답했다.

"네가 키운 늑대가 이기지."

2019년 3월 11일, 인류는 한 번도 경험해 보지 못했던 세계적 재앙에 맞닥뜨렸다. 국제보건기구WHO는 코로나19(신종 코로나 바이러스 감염증)를 공식적인 '팬데믹(새로운 질병의 세계적 대유행)'으로 선포한 것이다. 이날을 기점으로 인류는 천지가 뒤집어지는 것 같은 경험을 하기 시작했다. 이전까지 우리가 '일상'이라고 부르던 삶이 하루아침에 전혀 예측할 수 없는 것으로 바뀐 것이다.

미국은 '국가비상사태'를 선포하고 모든 학교와 비즈니스가 기약도 없이 문을 닫아 걸었다. 공기를 통해 빠른 속도로 퍼지는 바이러스로 인해 국경을 폐쇄하는 국가들이 늘어나는가 하면 나라 안에서도 지역 간 이동 금지명령이 뒤따랐다. 이는 무역 위축, 소비의 대폭적인 감소를 초래했고 생산 감소에서 고용 감소로, 이로 인한 소득 감소가 소비 감소로 이어지는 악순환의 고리를 만들어냈다. 90% 이상의 국가에서 경기 침체가 발생했고 전 세계적으로 빈곤 인구가 9,700만 명이나 증가했다.

사람들의 일상도 달라졌다. 마스크 사용이 일반적이지 않은 서양 국가들에서는 코로나 바이러스 전파를 막기 위한 마스크의 강제 착용이 국가적 이슈가 되어 격렬한 찬반론을 불러일으켰고 이로 인한 사회적 균열과 분란이 한동안 지속되었다. 그리고 모든 공공장소에서 마스크 쓰기와 손 씻기, 거리두기가 의무화되었다. 직장에 출근하는 대신 재택 근무가 대세가 되고 모든 모임은 취소되면서 사람들은 각자 개인적 공간에 고립되기 시작했다. 사람과 사람 사이의 거리가 바다 위에 흩어진 섬들처럼 멀어졌다. 이로 인해 팬데믹 우울증, 고립감 심화로 인한 정신적 불안을 호소하는 이들이 늘어나며 사회적인 문제가 되기도 했다.

팬데믹 기간 동안 경제적 피해와 더불어 엄청난 인명 피해도 발생했다. 2023년 5월 공식적인 '종식'이 선언되기 전까지 전 세계적으로 703만 3,450명, 미국에서만 118만 3,143명이 사망했다. 미국 내 아시아인 사망자 3만 4,000명 중 한인 사망자는 2,500명 이상으로 집계됐다. 팬데믹 기간이 예상 밖으로 장기화되면서 전 세계는 백신 개발과 함께 질병의 '종식'이 선언되는 날만을 손꼽아 기다렸다. 그러나 그것은 모두가 그토록 고대하던 재앙의 끝이 아니라 또 다른 시작이었다. 미지의 바이러스로 인한 신체적 후유증과 재정적인 타격, 사회생활의 위축으로 인한 정신적 타격 등이 남긴 피해의 꼬리는 한없이 길었다. 그리고 이로 인한 사회적 변화는 더욱 극심한 양상으로 치닫기 시작했다.

팬데믹 기간 동안 인류가 경험했던 두려움과 분노는 극단적인 사회적 분열과 대립으로 나타났다. 팬데믹 초기 마스크 쓰기를 의무화하느냐 아니냐를 놓고 미국 사회가 반으로 갈라졌다. 이를 시작으로 백신 접종을 의무화하는 정책과 이를 거부하는 사람들 사이의 치열한 싸움이 이어졌고, 보수와 진보, 공화와 민주, 개인의 자유와 정부의 규제가 이보다 더 팽팽하게 대립했던 적은 없었다. 이렇게 시작된 불화와 갈등은 시간이 갈수록 봉합되는 것이 아니라 오히려 더욱 골 깊은 양상으로 진화를 거듭했다. 체로키족 할아버지의 가르침처럼 우리 안에서 최후의 승리를 거둔 늑대는 분노와 불안, 이기심과 분노였던 것이다. 미국 사회에서 이 늑대의 포효가 최악의 이빨을 드러낸 것이 바로 시대를 거스르는 '인종 혐오'다.

팬데믹 초기 트럼프 정부는 코로나 바이러스로 인해 수십만의 미국인들이 사망하고 경제 봉쇄에 대한 사회적 불만이 치솟자 언론을 통해 그 원인을 중국의 탓으로 돌렸다. 그러자 아시아인에 대한 혐오와 부정적인 편견이 생겨나면서 애꿎은 희생양이 되기 시작했다. 아시아인에 대한 증오 범죄가 눈에 띄게 증가해 팬데믹 선언 이후 불과 석 달 만에 아시아인 혐오 범죄가 9천 건이 넘게 신고됐다. 이는 언어폭력에서부터 무차별 폭행, 총격 사건처럼 극단적인 형태로까지 이어졌다. 그러나 사회적 안전망이 흔들리고 언제 무슨 일이 벌어질지 모른다는 불안이 일상이 된 상황에서도 한인 커뮤니티의 비영리 기관들과 종교 단체들은 가장 피해가 컸던 경찰서와 병원에 소독제와 마스크를 대량으로 기부했다. 또한 플러싱 제일교회는 교회 차원에서 이웃들에게 식료품을 제공하기 시작해 지금까지도 매주 목요일 식

한인간호사협회에 마스크 전달
이민자보호교회에서 한인간호사협회에 마스크를 전달했다. (맨 왼쪽 김명래 연합감리교회 여성교회, 베이사이드 연합감리교회 이용보 목사, 한인간호사협회 회장, 뉴욕 우리교회·이보교 위원장 조원태 목사, 박동규 변호사)

뉴욕 엘름허스트 시립 병원에 마스크 전달
뉴욕시에서 가장 많은 코로나 사망자를 낸 뉴욕 퀸즈 카운티 엘름허스트에 있는 엘름허스트 시립병원에 마스크를 전달했다.(왼쪽부터 조원태 목사, 엘름허스트 병원 간호사, 박동규 변호사)

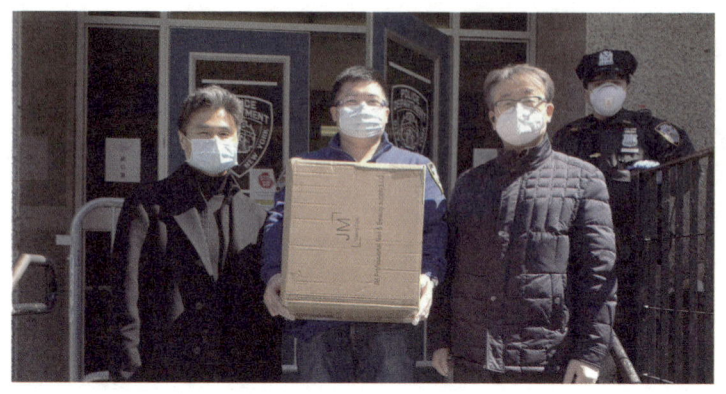

노던 약국의 세정제, 마스크 기부
플러싱 한인 밀집 지역의 약국에서 코로나 피해를 많이 입은 109경찰서에 세정제와 마스크를 기부했다.

료품을 나누어주고 있다.

　그러나 이러한 노력들에도 불구하고 미국 사회는 계속해서 분열 양상으로 치달았고 이민 정책에도 엄청난 변화가 생겼다. 근본부터 이민자의 나라였던 미국이 '반이민' 추세로 돌아선 것이다.

　트럼프 정부 1기 초반 트럼프 대통령은 행정명령을 발효하여 여러 이슬람권 국가들로부터의 이민을 봉쇄했다. 그리고 멕시코 국경에 장벽을 설치하여 중미 지역으로부터의 불법 이민 행렬을 차단하겠다고 나섰다. 이슬람권으로부터의 이민 봉쇄 정책은 연방 수정헌법 1조에 보장된 종교의 자유를 침해한다는 이유로 소송에 걸렸지만 연방대법원은 트럼프 대통령의 손을 들어주었고 정책은 정당성을 확보했다.

　팬데믹 전만 해도 미국 내 이민 문제는 주로 멕시코 및 중미에서 유입되는 불법 이민자들을 중심으로 형성되었다. 그러나 팬데믹 이후 지금은 코로나19가 중국에서부터 시작되었다는 믿음으로 인해 아시아계 이민자들에 대한 편견과 차별이 확산된 상태다. 미국과 중국 간의 경쟁이 격화되고 있는 상황에서 아시아계에 대한 미국 사회의 반이민 정서가 심화되면서 한인 사회의 불안은 심각한 지경에 이르고 있다. 서류 미비자들은 공포 속에서 하루하루를 버티고 있고 영주권을 가진 가난한 사람들은 정부 혜택을 받은 관계로 추방당하거나 시민권 신청을 할 수 없을까 두려워하고 시민권을 받았어도 혹시 잘못 기재된 내용이 있지 않을까 걱정을 하고 있는 지경이다.

　1기에 이어 2기 트럼프 정부에서도 강력한 반이민 정책은 이어지고 있다. 트럼프 대통령이 이민자들을 향해 비난과 분노의 목소리를 낼 때마다 그의 지지율은 떨어지기는커녕 더욱 올라간다. 이것이 시사하는 바는 하나다. '반이민' 정서가 미국의 사회적 대세가 된 것이다. 그리고 이것은 비단 미국만의 일이 아니다. 인권 보호와 관용의 상징이던 유럽도 반이민으로 돌아섰다. 가장 포용적인 난민 정책을 오랫동안 따르던 독일의 연방의회 총선에서 강경한 반이민 정책을 내세운 극우 정당의 득표율이 2배가 넘게 올랐고 유권자들의 55% 이상이 '외국인 유입'을 가장 큰 사회적 문제로 꼽았다. 벨기에는 난민에 우호적이었던 정책을 줄였고 네덜란드와 헝가리는 2026년 시행 예정이었던 새 이민 난민 협정을 이행하지 않겠다는 철회 의사를 밝혔다.

인종 혐오는 그동안 미국 사회에 뿌리 깊게 자리 잡아온 인종차별과는 다르다. 특정 인종에 대한 혐오와 공격은 자신들의 우월성을 주장하며 소수계와 약자들을 증오하고 괴롭히는 극단주의자들의 주장과 행동에 휩쓸리는 것이다. 체로키족 할아버지의 교훈처럼 우리 안에 두려움과 분노, 오만과 이기심의 늑대가 아니라 기쁨과 평화, 포용과 관대함의 늑대를 키워야 한다. 팬데믹으로 가혹한 자연의 채찍을 경험했던 인류는 이제 신의 새로운 심판대 위에 올려져 있다. 이 두 마리의 늑대 중 어느 쪽을 선택할 것인가는 우리 모두에게 던져진 숙제다. 어떤 늑대가 이기느냐에 따라 이대로 양극화가 더욱 파국적인 극단으로 갈지 아니면 사회적 재통합의 길로 들어설지가 결정될 것이다.

비빌 언덕은
스스로 만드는 것이다

현재 미국 내 한인 서류 미비자 수는 약 15만 명 정도로 추산되고 있다. 이들 중에서도 그 수를 정확히 파악하기는 힘들지만 다른 누구보다 큰 고통을 받아왔던 것은 어린 시절 부모님의 손에 이끌려 아무것도 모르고 미국 땅을 밟은 뒤 또래 친구들처럼 학교를 다니며 평범하게 자랐지만 대학 입학원서를 제출할 때쯤 되어서야 자신에게 '불법체류자'라는 낙인이 꼬리표처럼 붙어 있는 것을 알게 된 수많은 청소년들이다. 이들에게 신분은 무슨 일을 하려고 해도 발목을 잡는 족쇄가 되어 자유 의지로 자신의 삶을 개척해 나가는 데 커다란 걸림돌이 될 수밖에 없었다.

오바마 전 대통령은 재임 기간 중 이들을 구제하기 위해 이민제도 개혁 입법을 추진했으나 공화당의 거센 반대에 부딪쳤다. 그리고 2012년 6월 15일, 백악관 로즈가든에서 오바마 대통령은 대통령 권한으로 의회의 동의 없이 할 수 있는 행정명령 Executive Order을 전격 발표했다. 만 16세 이전에 미국에 도착해 미국에 거주 중인 서류 미비 청소년들에게 합법적인 신분을 주지는 못하지만 추방을 유예시켜 주고 학업과 취업을 이어갈 수 있게 해준 것이다. 다카Differed Action for Childhood Arrivals로 명명된 이 이민 행정 정책이 공표되자마자 한인 불법이민자들에게 그야말로 신세계가 열렸다.

다카 시행 이후 80만 명이 넘는 청소년들이 다카를 취득했다. 이들을 가리켜 일명 '드리머'라고 부른다. 이 드리머의 어원은 사실 2001년 발의되었다가 비극적 사건으로 수포로 돌아간 특정 법안에서 온 것이다. 당시 일리노이주 연방 상원의원 딕 더빈Dick Durbin은 어느 날 시카고에 거주하던 한인 서류 미비 청소년 테레사 리Tereza Lee의 안타까운 스토리를 접하게 됐다. 테레사는 어렸을 때 부모와 함께 미국으로 이민을 와서 자신도 모르게 불법 체류자가 되었다. 다른 이들에게 신분이 드러날까 두려워했던 부모로 인해 은행 계좌 하나 개설할 수 없는 처지에 학교나 사회로부터 고립된 생활을 해야 했다. 그러다가 남동생이 운전자의 과실로 교통사고를 당했는데 추방에 대한 두려움 때문에 '내 아들의 잘못으로 사고가 났다'며 수천 달러의 치료비를 떠안는 부모를 지켜봤다. 서류 미비자로서의 삶에 '공포'를 느

2017년 이민자보호교회 주최 제1회 심포지움 행사
테레사 리가 드리머 법안의 모델로서 자신의 삶과 활동에 대해 증언했다.

낀 그녀는 일리노이주 딕 더빈 연방 상원의원에게 도움을 요청하게 된 것이다.

테레사의 사연을 알게 된 딕 더빈 의원은 '드림 액트Dream Act'라는 구제 법안을 마련했다. 자격 요건을 갖춘 서류 미비 청소년에게 합법적 이민 신분을 부여한다는 내용이 핵심이었다. 그리고 연방 상원에 상정된 이 드림 액트를 심의하는 자리에 테레사 리씨가 직접 증인으로 참석할 예정이었다. 그러나 증언을 위해 그녀가 비행기에 오르려 했던 그날이 바로 2001년 9월 11일, 미국을 넘어 전 세계에 엄청난 충격을 안겨준 9.11 테러가 벌어진 날이었다. 이날의 비극은 수많은 무고한 생명들과 함께 드리머의 꿈도 앗아갔다. 그리고 이후 이민 정책의 개혁에도 심각한 걸림돌로 작용했다. 다카 이전에 어쩌면 서류 미비 청소년들의 좌절된 꿈과 희망을 되살리는 일이 10년은 앞당겨질 수도 있었던 것이다.

다카를 취득한 드리머들은 교육의 기회를 얻게 되었고 합법적인 취업을 보장받을 수 있게 되었다. 이제 은행 계좌를 개설하고 운전면허도 딸 수 있다. 보통의 미국인들에게는 너무나 당연하고 평범한 '일상적' 권리를 그제야 '권리'로 누릴 수 있게 된 것이다. 2018년 아메리칸액션포럼[AAF]의 보고서에 따르면 다카 취득 드리머들이 연간 GDP에 420억 달러를 기여하는 것으로 나타났다. 신분 미비를 이유로 사회 구성원에서 배제하기보다 오랜 기간 '미국인'으로 살아온 청소년들을 포용한 정책의 결과였다. 그러나 이런 다카가 마치 거센 폭풍우가 몰아치는 망망대해에 던져진 조각배처럼 언제 뒤집어질지 모르는 신세가 됐다.

트럼프 1기 정부 당시 트럼프 대통령은 다카 프로그램 폐지를 선언했다. 다카 혜택을 보던 드리머들이 대거 추방될 위기에 내몰렸지만 다행히 연방 대법원이 이듬해 6월 행정부가 다카 폐지에 대한 절차적 요건을 준수하지 않았다며 제동을 걸었다. 그러나 2021년 앤드루 헤넌Andrew Hanen 텍사스주 소재 연방 지방법원 판사가 다카 프로그램이 불법이라는 판결을 내렸다. 의회가 정당한 허가 없이 미국에 들어온 이들의 추방을 대규모로 유예할 권한을 행정부에 부여한 적이 없다는 것이 이유였다. 텍사스주가 주도하고 보수 성향을 가진 여덟 개 주가 이 결정에 동참했다. 이렇게 다카는 다시 한 번 위기에 직면했다. 이 소송은 현재 여전히 상급심에 계류 중이다. 이 모든 것이 이전 트럼프 대통령 집권 초기부터 미국 사회를 휩쓸고 있는 '반이민' 기조에서 비롯된 것이다.

트럼프 2기 정부가 들어서고 나서 트럼프 대통령은 '반이민' 정책을 더욱 강경하게 밀어붙이고 있는 형국이다. 미승인 이민자 모두를 '불법 이민자'로 규정하고 '대량 추방'을 예고하고 나섰다. 추방 범위가 어디까지 확대될지는 미지수다. 그러나 신분과 주거지가 등록되어 있는 드리머들이 손쉬운 희생양이 될 수 있다는 예측이 가능하다. 트럼프 대통령이 다시 다카 신규 발급 중단 및 취소를 시도할 경우 최대 3만 명이 넘는 한인 청소년들이 추방 위기에 몰리게 된다. '미국인'으로 자라왔고 미국이 유일한 삶의 터전인 청소년들에게서 법적인 신분을 이유로 미래를 빼앗아서는 안 된다. 불법 체류자가 된 것은 이들의 선택이 아니었음에도 불구하고 사회적 차별을 견디며 불안과 좌절 속에 하루하루를 버티는 삶을 이들의 몫으로 강요할 권리가 누구에게 있는가.

'역사는 정치의 거울'이라고 한다. 지나간 과거의 과오를 되돌아보고 반성하지 않으면 반드시 반복되게 되어 있다. 이미 1기 정부에서 강력한 반이민 정책과 소수 인종에 대한 편견을 심화시켜 이민자 사회에 숱한 고통을 안겨주었고 전 세계적으로 우파의 확산을 이끌었던 트럼프 정권이 새롭게 들어섰다. 다카와 드리머들의 고난의 행군이 다시 시작될 것은 불 보듯 뻔한 수순이다.

이에 시민참여센터는 교계와 함께 두려움에 떨고 있는 한인 커뮤니티의 안정을 위하여 이민자보호교회를 만들고 2017년 4월부터 변호사들로 구성된 시민참여센터의 이민자보호 법률 대책위와 함께 한인 이민자들을 돕기 위한 활동을 시작했다. 한인 이민자들에게 마음 터놓고 비빌 조그만 언덕 하나가 생긴 셈이었다. 그 후 시민참여센터 법률 대책위 핫라인으로 매년 미 전역에서 수백 건 이상의 전화 상담이 들어오고 있다.

이민자의 나라이자 대부분의 할머니 할아버지 대에서 한 세대만 더 거슬러 올라가면 누구나 '이민자'였을 미국 시민들이 이 '반이민' 감정의 여론 몰이를 거부감 없이 수용할 수 있는 이유는 무엇일까. 일단은 기득권층의 이념이 문제다. 오바마 전 대통령의 대통령 당선일, 미국 최초의 흑인 대통령의 탄생이 그들에게 던져준 충격은 이루 말할 수 없었다. 미국이 '유색인종이 대통령이 될 수 있는 나라'라는 생각을 한 번도 해본 적이 없었

제1회 이민자보호교회 심포지움(후러싱제일교회)

제3회 이민자보호교회 심포지움(효신교회)

제3회 이민자보호교회 심포지움에서 이민자 복지에 대한 설명을 나눔

제6회 이민자보호교회 심포지움
'왜 아시아태평양계 이민 역사 교육이 필요한가'에 대한 주제로 심포지움을 열었다.

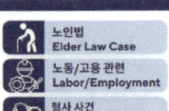

KACE Legal Card
시민참여센터는 2017년부터 한인 이민자들을 돕기 위한 법률 지원 서비스를 지속적으로 시행하고 있다.

던 것이다. '다양성'이 미덕이 된 미국 사회 속에서 자신의 지위가 흔들리고 있다는 위기감을 느끼며 이를 다시 되돌려 결국은 '백인 중심'의 '기존 질서'를 회복해야 한다고 생각한 이들은 초일류 경제 대국으로 굳건했던 미국의 지위가 불안해지고 사회적 불만이 누적되면서 기회를 놓치지 않고 그 화살을 이민자들에 돌려 반감을 조성하고 있다. 그리고 이는 곧 미국의 다양성에 대한 심각한 위협이 되고 있다.

정치는 우리의 일상과 별개의 영역이 아니다. 생업에 바쁘다는 이유로 미국 정치권이 어떻게 돌아가는지 전혀 관심을 두지 않고 투표장에는 들어가본 적도 없는 한인들이 수두룩하다. 나와 우리 가족은 합법적인 체류 신분을 가지고 있으니까 그것으로 충분하는 생각을 하는 이들도 많다. 그러나 정치에 대한 관심과 적극적인 참여가 꼭 나의 일상의 안위에 위협이 되어야만 해당 사항이 있는 게 아니다.

'미국이란 나라는 나에게 무엇인가'라는 질문을 스스로에게 던져보자. 우리의 삶의 터전이자 우리가 그렇게 목숨처럼 아끼는 우리의 아이들이 뿌리를 내리고 살아갈 땅이다. 그런 이 나라에 쉽게 무너지지 않을 단단한 발판을 만들어주기 위한 일이 바로 정치 참여다. 그러니 '나 하나쯤이야'가 아니라 '나라도 뭐 하나 해야지'로 생각의 회로를 바꿔야 한다.

목소리를 높여봐
Speak Up!

1880년 샌프란시스코 시의회는 벽돌이나 석재로 된 건물이 아닌 목조 건물에서는 세탁업을 할 수 없다는 법을 통과시키고 해당 위원회의 동의를 얻어 허가증을 받아야 영업을 할 수 있게 했다. 당시 샌프란시스코의 320개 세탁소 중 95%가 목조 건물이었다. 그리고 그중 3분의 2가 중국인 소유였다. 200여 명의 중국계 세탁소 업주들이 허가를 신청했지만 그중 단 한 명에게만 허가증이 발급된 반면 백인 세탁업자들에게는 전원 허가를 내주었다. 특정 인종이 장악하고 있는 업종에 소방법을 이용해 교묘하게 악의적인 인종차별을 한 법안이었던 것이다.

2015년, 뉴욕타임즈는 탐사 보도를 통해 아시안들이 주류를 이루는 뉴욕의 네일 업계가 종업원들의 임금을 착취하고 비위생적인 업무 환경에서 일을 하고 있다고 폭로했다. 앤드류 쿠오모Andrew Cuomo 주지사는 기다렸다는 듯 행정명령을 발동하고 업소마다 조사원들을 보내겠다고 발표했다. 그리고 대대적인 단속이 벌어지면서 수많은 네일 업소들이 벌금을 맞았다.

이후 종업원들의 보호를 위해서 일정 정도 신용이 있는 사람들만 네일 업소를 차릴 수 있고 또 업소가 임금을 지불할 수 없을 때를 대비해서 임금 보증보험을 들어야 하며 업소에는 반드시 깨끗한 공기를 공급받고 배출할 수 있는 통풍 시스템을 설치해야 한다는 법이 통과되었다. 뉴욕 한인네일협회에 따르면 보험률을 5%로 적용하더라도 직원 10명 미만인 업소는 4만 달러, 11~25명은 7만 5,000달러, 26명 이상은 12만 5,000달러로 업소마다 매년 2,000~6,250달러의 보험금 부담이 발생했다. 그리고 더 심각한 문제는 환기 시설이었다. 벽을 뚫는 큰 공사를 건물주들이 쉽게 허락해 줄 리 만무했고 주정부 요구 수준에 맞추자면 반도체 공장에서나 사용하는 먼지 제거 시스템을 도입해야 했다. 주지사 선거 때 경제 활성화를 위해 중소 자영업을 지원하겠다는 공약을 내걸었던 그가 수많은 업종 중에서 네일업계만 콕 집어서 징벌적 법 규제 강화 방안을 내놓은 저의는 무엇이었을까.

이유는 간단하다. 정치에 대한 관심이나 참여도가 매우 낮

한인네일업계의 시위 현장

고, 특정 소수 인종들이 장악하고 있는 스몰 비즈니스 업계는 정치적 발언력도 몹시 미약하기 때문이다. 2024년에 남가주대기정화국AQMD이 가스를 사용하는 대형 온수기와 소형 보일러의 질소산화물 배출량을 줄이기 위해 만든 질소산화물 배출 감축 법안을 추진하면서 한인 세탁 업계가 존폐 위기를 맞은 적이 있었다. AQMD는 이미 해당 업계 미팅을 5차례나 진행하고 공개 워크숍과 공개 상담 등을 했지만 한인 세탁소 업계는 그로부터 몇 달이 지난 후에야 이런 법안이 추진되고 있다는 사실을 알았다. 이 법안이 통과되면 모든 세탁소가 온수기와 보일러를 전기 설비로 개조 및 업그레이드를 하거나 아예 교체를 해야 하고 가

스보다 4배는 더 비싼 전기 사용료까지 감당을 해야 해서 비즈니스 자체가 어려울 수 있는 상황이었다. 사태가 심각해지자 그제야 해당 업계에서는 뒤늦게 공청회에 참가하고 주지사를 포함한 관계자들에게 서신을 보내며 적극적으로 한인 세탁소 업계의 어려움을 호소하기 시작했다.

사람들은 '먹고 살기 바빠서' 주류 사회의 돌아가는 모양새나 정치에 관심을 둘 시간이 없다고 한다. 그러나 그 '먹고 사는' 문제가 바로 정치와 떼려야 뗄 수 없는 관계에 있다는 것을 알아야 한다. '먹고 살기 위한' 나의 생계 수단에 관련해 어떤 일들이 벌어지고 있는지를 알려면 정치에 관심을 기울여야 한다. 그래야 우리에게 어떤 불이익을 가져올 법안이 우리도 모르는 사이에 통과되고 시행되는 것을 미리 막을 수 있다. 그리고 이를 위해 우리의 목소리를 가져야 한다. 주류 사회가 귀담아 듣도록 데시벨이 높은 목소리가 필요하다. 정치는 '목소리를 내는 것'이다. 그리고 그 목소리를 내는 1차적이면서도 가장 중요한 길이 정치참여, 즉 투표다.

현재 한인 선출직 공직자는 110명에 달한다. 10년 전과 비교하면 큰 폭으로 증가한 것이다. 지난 해 발표된 미주한인정치연감에 따르면 2010~2014년 39명에 불과했던 한인 당선자가 2020년 이후 71명으로 82%나 급증했다. 지역별로는 뉴저지(42명), 캘리포니아(32명), 워싱턴(6명), 뉴욕(5명) 등이다. 한인 인구가 8,000여 명에 불과한 오클라호마주에서도 대니얼 배Daniel Pae 주 하원의원이 선출되는 등 백인 텃밭에서도 한인들의 당선 희소식이 잇따르고 있다. 이는 한인 사회의 정치적 위상이 점점 높아지고 있음을 보여주는 지표다. 특히 올해는 한인 최초의 한인 연방 상원의원 앤디 김Andy Kim(민주당, 뉴저지)이 탄생한 역사적인 해이다. 그리고 영 김Young Kim(공화당, 캘리포니아), 메릴린 스트릭랜드Marilyn Strickland(민주당, 워싱턴) 하원의원의 3선 성공도 주목할 만하다. 그러나 아직도 갈 길은 멀다.

한인 유권자의 정치 참여율은 여전히 저조하다. 캘리포니아주 한인 유권자 등록률은 45.4%로 2명 중 1명 꼴도 안 된다. 캘리포니아주 전체 유권자등록률인 73%보다 훨씬 낮은 수치다. 2020년 아시아 여성 최초로 얼바인 시의원으로 당선되어 화제를 불러일으켰던 태미 김Tammy Kim 의원은 지난 해 얼바인 시장 선거에 나섰다가 4,728표 차이로 아깝게 낙선했다. 이때 투표에 불참한 한인이 무려 6,887명이었다. 만약 이들이 모두 투표에 참여했더라면 충분히 뒤집고도 남았을 결과였던 것이다. '나 한 명쯤이야' 하는 안일한 생각이 가진 영향력이 이렇게 크다.

개인적으로는 공부를 열심히 해서 좋은 대학을 나오고 전문 분야에서 능력을 인정받고 성공을 해야겠지만 한인 커뮤니티 전체가 미국 사회에서 제대로 인정을 받으려면 결집된 힘을 키워야 한다. 이 결집된 힘을 바탕으로 제도를 바꾸고 우리의 권리와 이익을 보장받기 위해 노력해야 한다. 미국이라는 다민족 다인종 사회에 살면서 소수민족 커뮤니티들은 저마다의 목소리를 내기 위해 안간힘을 쓰고 있다. 이 역시 치열한 경쟁이다. 목소리의 크기는 실질적인 정치적 영향력과 비례한다.

트럼프 행정부가 들어선 뒤 여러 정책들이 의식주 전반에 큰 변화를 가져오고 있다. 그런데 아직도 정치 뉴스 앞에서 귀를 틀어막고 있는가. 이미 나도 모르는 법안이 시행되어 어이없는 불이익을 당하고 나서야 불평만 늘어놓을 것인지, 아니면 야무지게 우리의 밥그릇을 지킬 것인지 그 선택은 바로 우리에게 달려 있다는 것을 명심해야 한다.

갈망의 힘,
2천 번의 법칙

　2021년 조 바이든 대통령의 서명으로 미국에 새로운 연방 공휴일이 탄생했다. '준틴스Juneteenth'라고 명명된 이 공휴일은 매년 6월 19일을 흑인 노예 해방의 날로 기념하는 것이다. 링컨 대통령이 1863년 1월 1일 공식적인 노예 해방을 선언하자 이에 반감을 품은 남부 연맹이 반란을 일으켰지만 결국 실패하고 1865년 6월 19일 연방군이 텍사스의 갈베스톤에 도착하면서 남부의 흑인 노예들이 드디어 신분의 족쇄에서 벗어나게 되었다. 그로부터 156년이라는 길고 긴 시간이 흐른 뒤 2021년 마침내 이날이 공식적인 연방 공휴일로 지정된 것이다.

　미국의 노예제도는 거의 256년간 미국에 존재했다. 대부분의 노예들은 태어날 때부터 노예였던 자신의 처지에 체념하고 노예 생활을 운명으로 받아들였다. 하지만 그 중에서도 도망을 치고 주인에게 반항하며 당시로서는 그 누구도 가능할 것이라 생각하지 않았던 노예해방을 꿈꾸는 '몽상가'들이 있었다. 이들은 끊임없는 투쟁을 벌이며 기약 없는 '그날'을 갈망했다. 그리고 마침내 '그날'은 왔지만, 그 이후로도 바랐던 것처럼 '완전한 평등'의 세상은 오지 않았다.

흑인들을 동등한 사회 구성원으로 인정하지 않는 백인들에 의해 정치, 사회, 경제적으로 공공연한 차별을 견뎌야 했다. 그렇게 또 100년의 세월이 흘러갔다. 이쯤 되면 포기할 법도 한데 그들은 여전히 '평등'을 향한 꿈을 버리지 않고 투쟁을 계속했다. 누가 봐도 계란으로 바위 치기였다. 그리고 1964년 마침내 민권법이 통과되면서 제도적으로 평등한 사회를 쟁취해냈다.

세상을 변화시키는 것은 위대한 권력이나 엄청난 재력이 아닙니다. 끊임없이 떨어지는 물방울이 바위에 구멍을 내는 것처럼 기존의 질서가 아무리 바위처럼 단단해도 염원하고 갈망하기를 멈추지 않는 자들이 낡은 법과 질서를 허물고 새로운 시대를 개척한다. 노예제도에서 민권법까지 오는 데 얼마나 막대한 흑인들의 희생이 뒤따랐던가. 그 과정은 결코 만만치 않다. 슬픔과 고난을 버티지 못하고 자신의 처지가 곧 운명이라며 자포자기한 이들은 주변의 사람들도 자신처럼 불평등한 현재의 규범에 굴복하기를 바라게 된다. 그래서 노예해방에 나선 사람들을 고

발하는 노예들이 있었고, 제국주의에 신음하던 식민지 치하에서 빼앗긴 나라를 되찾기 위해 목숨을 건 투쟁을 하는 독립투사들을 돕기는커녕 이들을 고발하고 처형하는 데 앞장선 조선인들이 있었다. 꿈꾸는 자들의 '갈망'은 현실을 받아들이기로 한 이들에게 마음의 가시가 되었을 것이다. 그것은 감히 세상을 뒤집어엎겠다는 무모한 도전이자 이미 자신이 포기해버린 꿈이기 때문이다. 그러나 그런 이들이 있어 흑인들은 노예의 사슬을 끊었고 수많은 식민지 나라들은 그 지배에서 벗어나 해방을 맞이했다.

'갈망'하기를 포기하지 말자. 비록 힘이 없는 소수에 불과하나 끊임없이 떨어지는 물방울의 힘을 당해낼 것은 없다. 새로 태어난 아기들이 걸음마를 터득하려면 평균 2,000번은 넘어져 봐야 한다고 한다. 인간이 자신의 신체를 사용해서 뭔가를 제대로 하려면 그 정도로 반복 훈련을 해야 원하는 결과를 얻을 수 있다는 것이다. 야구공을 제대로 맞춰서 안타나 홈런을 치려면 2,000번 이상은 배트를 휘둘러 봐야 하고 타자에게 삼진을 제대로 먹이는 투수가 되려면 적어도 2,000번 이상은 전력을 다해 공을 던지는 연습을 해야 한다.

'처음부터 되는' 일은 드물다. 우리는 새로운 일을 시작할 때 그 일을 멋지게 해내는 상상을 하지만 계속 '안 되는' 경험들이 쌓이다 보면 지구력의 소진 속도는 빨라진다. 이때 '상상하

준틴스데이 시민참여센터 활동
시민참여센터 인턴들이 준틴스데이를 맞아 한인 상권 밀집 지역인 머레이 힐 기차역 앞에서 바닥 그림을 그리고 있다.

기'를 멈추지 말고 그 상상을 현실로 만들기 위해 부단히 계속하다 보면 그 '잘 안 된' 것들이 쌓이고 쌓여서 어느 순간부터인가 원하던 결과가 조금씩 이루어지는 걸 보게 될 것이다.

내처 엉덩방아만 열심히 찧다가 한 걸음에서 두 걸음, 두 걸음에서 세 걸음씩 늘리며 걸음마를 배운 게 바로 우리들이다. 누구나 이미 한 번은 경험했던 과정인 것이다. 그때 '이렇게 해서 언제 걸음마를 배우냐'고 좌절하며 포기했던 사람은 한 명도 없다. 실패를 두려워하기보다 실패를 거듭해야 원하는 결과를 얻을 수 있다는 것은 누가 가르쳐주기도 전에 우리가 이미 알고 있는 사실이다. 기존의 제도와 지배 세력이 아무리 자유를 억압하고 진리를 왜곡해도 새로운 세상을 꿈꾸며 포기하지 않는 이들이 있다면 결국 새로운 세상은 온다. 매년 6월 19일 준틴스데이가 그 증거다.

한인 커뮤니티는 1992년 LA 폭동으로 엄청난 정신적 경제적 피해를 입고 난 뒤 미국 사회에서 발언권을 얻고 정치력을 키우기 위해 30년이 넘게 쉼 없이 달려왔다. 처음에는 그저 추상적인 구호에 불과했으나 그동안 많은 한인 정치인들이 탄생하며 눈에 보이는 열매를 맺어가고 있다. 갈망하는 자들의 포기하지 않는 한 걸음 한 걸음. 그것이 바로 인간이 새로운 역사를 쓰는 법이다.

최초의
한인 상원의원의 탄생

　미국 상원은 미국 의회의 양원제 체계 중 하나로 각 주를 대표하는 의원들로 구성된다. 상원은 하원과 달리 인구수에 상관없이 주별로 2명씩 배출되어 총 100명으로 구성된다. 상원의원은 국가의 중요한 법률을 심의하고 통과시키며, 외교 정책과 국가 안보에 중요한 결정을 내린다. 그리고 행정부와 사법부의 주요 임명에 대한 승인 권한을 가지며 외교 조약의 비준, 대통령이 임명한 각료와 연방 판사의 임명 승인, 탄핵 재판 등을 담당한다. 임기는 6년이며 2년마다 직접선거 방식의 정기 선거를 통해 상원의 3분의 1이 교체된다.
　미국 정치의 꽃으로 불리는 상원의원은 그만큼 파워가 큰 자리다. 미국 사회의 축소판처럼 다양한 인종들로 구성된 상원

2024년, 강병철 의사의 집에서 열린 연방 상원의원 출마 후원 행사

시민참여센터 타운홀 미팅을 마친
앤디 김 의원

의원들 중에 한인 상원의원은 없었다. 상원의원 선거에 도전했던 한인조차 단 한 명도 없었다. 그런데 2024년 뉴저지주 한인 하원의원 한 명이 상원의원 선거에 도전장을 던졌다. 앤디 김 의원이었다.

뉴저지주 연방하원 제3지역구의 앤디 김 의원은 2018년 중간선거에서 혈혈단신으로 공화당 현직 의원을 꺾고 당선되어 당시 큰 화제를 모았다. 그의 지역구는 백인이 85%, 아시아계 3%, 한국인은 1%도 안 되는 그야말로 '백인 텃밭'이었다. 라이벌이었던 현직 하원의원 톰 맥아더Tom McArthur에 비해 '무명'의 정치인이었던 그는 "당신과 비슷한 사람들이 많이 사는 노스 저지 지역으로 이사를 하지 않겠느냐"라는 충고를 받았다고 했다. 당시 이 중간선거를 통해 미국 전역에서 수많은 한인들이 선출직에 당선됐다. 특히 한인들이 가장 밀집해 살고 있는 뉴저지 버겐 카운티에서는 22명의 한인들이 출마해 그중 21명이 당선되기도 했다. 한인 인구가 절반이 넘는 팰리세이즈파크를 제외한 다른 타운들은 한인 유권자가 10~15%에 불과한데도 한인 시의원들이 의회에 진출했다. 뉴저지 한인들이 결집된 힘으로 참여한 투표의 힘이다.

앤디 김 의원은 극적으로 하원의원에 당선된 뒤 내리 3선에 성공했다. 남북전쟁 이후 이 지역에서 민주당 의원이 재선에 성공한 첫 기록을 세운 뒤 자신의 기록을 다시 깨고 3선의 기록을 달성해낸 것이었다. 한인으로서 연방의원 3선에 성공한 것은 캘리포니아의 김창준 의원 이후 26년 만의 일이었다. 2020년 선거 때 공화당이 이곳을 반드시 탈환해야 할 지역구로 선정해 당 차원에서 엄청난 재정 지원을 퍼부으며 공을 들였음에도 불구하고 앤디 김 의원은 초선 때보다 3% 이상 더 많은 표를 얻었고 3선 때에는 5.4% 이상 오른 지지율로 당선됐다.

보스턴 출신으로 뉴저지에서 유년 시절을 보낸 그는 시키고 대학을 나와 해리 트루먼 장학생에 이어 로즈 장학생으로 영국 옥스퍼드 대학교 모들린 칼리지에서 국제관계학 박사 학위를 받은 뒤 외교 전략 담당관으로 국무부에 입성했다. 그리고 오바마 행정부에서 아프가니스탄 주둔 나토군 사령관의 정책 참모, 2013년부터 백악관 국가안보회의 이라크 담당 보좌관을 지낸 외교 전문가다.

첫 하원의원 당선 초기부터 앤디 김 의원은 공공정책과 지역사회 발전을 위해 다양한 노력을 기울여 왔다. 코로나19 팬데믹 기간 동안에는 뉴저지 주민들을 위한 구호 활동을 주도하고 의료 서비스 지원과 경제 회복에 힘을 쏟았다. 그리고 소수계, 여성, 노동자 권익 향상을 위해 노력하며 사회적 불평등 해소를 위한 법안 마련에도 앞장섰다.

그는 한국계 정치인으로서의 자부심도 크다. 한미 관계의 발전과 아시아계 미국인들의 권리 증진을 위해서도 노력해왔다. 그리고 미국 내에서 아시아계를 향한 혐오 범죄가 증가하는 상황에서도 아시아계 미국인들의 목소리를 내면하며 인종차별에 맞서 싸우는 데 중요한 역할을 담당했다.

앤디 김 의원이 전국적인 주목을 받기 시작한 것은 2021년 1월 6일 의사당 난입 사태로 난장판이 된 국회의사당을 묵묵히 청소하는 모습이 언론에 보도되면서부터였다. 그는 당시 "나와 우리 가족에게 기회를 준 미국을 위해 일해왔는데 내가 지금 할 수 있는 것은 조용히 내 일터인 의사당에서 남은 쓰레기를 치우는 일"이라고 하며 "마음이 아픈 것은 나뿐만이 아닐 것"이라고 말해 공감을 불러일으켰다. 당시 그가 입었던 옷이 스미소니언 박물관에 기증되어 화제가 되기도 했다. 그런 그가 2024년, 230여 년 미국 의회 역사와 120여 년 한인 역사상 처음으로 연방 상원의원 선거에 출마를 선언한 것이다.

당시 앤디 김 의원은 "120년 넘게 한인들이 미국에 정착해왔는데 이제는 우리가 하나의 공동체로서 미국에서 지분을 가질 자격이 있다고 믿는다"라고 말했다. 그러면서 백인이 압도적으로 많고 한인이 소수인 지역을 대표한다는 것은 자신이 '한국계 미국인'이나 '아시아계 미국인'이 아니라 '미국인'을 대표하는 리더임을 보여주는 증거라고 자부했다.

그는 이 역사적인 상원의원 선거에서 53%대 45.8%로 공화당의 커티스 바쇼Curtis Bashaw 후보를 물리치고 승리를 거뒀다. 최초의 한인 상원의원이 된 그는 이제 78만 명을 대표하는 것이 아니라 900만 명을 대표하게 된 것이다. 그와 동시에 미국에서 가장 인구밀도가 높은 한인 사회 중 한 곳인 뉴저지 한인 사회를 대표하는 자리를 맡게 되었다. 역사상 세 번째로 젊은 상원의원이 된 그의 나이를 고려한다면 앞으로 오랜 기간 미국의 정치판에서 강력한 목소리를 낼 수 있는 발판을 마련한 셈이다.

앤디 김 의원의 기득권에 맞서는 '반골' 기질은 유명하다. 연방 상원의원 도전 이전에도 당내 경선의 강력한 라이벌이었던 뉴저지 머피 주지사의 부인 태미 머피Tammy Snyder Murphy가 후보가 되는 데 유리한 투표 제도였던 '카운티 라인 투표용지' 사용 금지 가처분 소송을 내 승소했다. 뉴저지의 21개 카운티 가운데 19개 카운티가 당 지도부가 인정한 후보들을 눈에 가장 잘 보이는 곳에 배치하는 '카운티 라인 투표 용지'를 사용해왔는데 이것이 비민주적이고 헌법 정신에 반하는 것이라며 고질적인 당 카르텔을 무너트리는 일대 개혁을 시도하고 성공해낸 것이다. 그는 당의 지지를 우선시하는 대신 부당한 제도를 타파하는 개혁가를 자처했다. 그가 이런 승부사 기질로 앞으로 6년 간 상원에서 어떤 활약을 보여줄지 기대가 크다. 지금 한 가지 분명한 것은 그가 미국 정치 역사와 한인 사회 역사에 새로운 이정표를 세웠다는 점이다.

다인종 다민족 국가인 미국에서 인종과 출신 국가, 민족별 명칭은 누구에게나 꼬리표처럼 따라다니게 되어 있다. 앤디 김 의원 관련 모든 뉴스나 자료에도 '한국계 이민자'라는 수식어가 붙는다. 아무리 한인 커뮤니티와 담을 쌓고 살아도 '코리안 아메리칸'이라는 울타리에서 자유로울 수는 없다. 그러니 이왕이면 다홍치마라고 미국 사회에서 인정을 받는 커뮤니티라면 더 큰 영향력을 미칠 수 있게 될 것이다.

첫 한인 상원의원의 탄생과 더불어 앤디 김 의원이 한 인터뷰에서 남긴 말을 되새겨볼 필요가 있다. "더 나아지는 유일한 방법은 현실에서 발을 빼지 않고 내가 살아갈 세상을 만드는 데 참여하는 것이다. 어떤 일에 대해 좌절감을 느낀다면 물러설 것이 아니라 그 문제를 해결하기 위해 무엇을 할 수 있는지를 확실하게 파악하는 것이 먼저다."

5장

미래 세대를 위한
가장 확실한 투자

K 트렌드와 브랜드 파워

'그라데이션K'라는 신조어가 생겼다. 그라데이션K란 K팝K-POP이나 K드라마K-Drama와 같은 한류 콘텐츠가 단순히 해외로 수출되는 것을 넘어서 현지 문화와 자연스럽게 융합되어 가는 현상을 의미한다. 그라데이션Gradation이라는 단어에서 드러나는 것처럼 다양한 문화적 요소가 점진적으로 어우러지는 과정을 나타내는 것으로 한국의 고유 문화가 글로벌 문화에 녹아들어가면서 새로운 한국적 가치를 만들어내는 개념이다.

한류K-Wave의 장점은 기독교, 무슬림, 힌두교, 시크교, 불교 등 종교와 이념의 경계에 구애받지 않는다는 것이다. 현실에서는 서로 적대 관계이거나 섞일 수 없는 이질적인 경계선에 묶여 있는 나라들이라고 해도 문화는 그 자체로 누구나 좋아할 수 있다. 한류는 어쩌면 갈등과 긴장으로 가득 찬 현실 속에서 세계적인 동질감 조성에 한몫 단단히 하고 있는지도 모른다.

이미 K콘텐츠는 여러 글로벌 플랫폼을 통해 널리 확산되고 있고 세계적인 파급력과 저력을 인정받고 있다. 2024년에 한국 걸그룹 블랙핑크의 멤버 로제와 미국의 팝스타 브루노 마스가 콜라보레이션으로 내놓은 앨범 〈아파트(APT)〉는 공개된 지 24시간 만에 유튜브 조회수 2,524만 뷰라는 엄청난 성과를 거두었다. 한국적 감성과 미국의 팝 음악의 그라데이션K인 셈이다. 미국의 식품 브랜드 하인즈HEINZ는 고추장 로제 파스타 소스를 선보였는데 한국의 전통 양념이 고추장과 로제 소스가 어우러져 독특한 맛을 내는 것이 특징이다. 한국의 고추장이 미국의 웬만한 슈퍼마켓 진열대에 빠지지 않는 아이템이 된 지는 한참이지만 또 다른 고추장 베이스 소스로 퓨전 한국 음식을 유행시키고 있다.

지난 2021년 넷플릭스를 통해 공개된 오리지널 콘텐츠 〈오징어 게임〉도 빠질 수 없다. 그 누구도 예상치 못했던 전 세계적 흥행 대성공으로 무려 22억 520만이라는 누적 시청시간을 기록하며 넷플릭스 역사상 역대 1위를 달성했다. K드라마의 콘텐츠와 완성도를 세계적으로 널리 알리는 일등 공신 역할을 한 작품으로 넷플릭스가 정식 서비스를 하고 있는 모든 국가에서 1위를 달성한 최초의 작품이라는 놀라운 타이틀까지 달았다. 드라마 속에 등장했던 한국의 전통 놀이 '무궁화 꽃이 피었습니다' 와 '줄다리기', 그리고 '영희' 캐릭터와 등장인물들이 입었던 유니폼, 떡볶이와 달고나 같은 보편적 한국 음식들이 세계적으로 널리 알려지면서 덩달아 해외 수출과 판매가 급증하고 캐릭터 상품이 개발되어 판매되는 후속 효과가 잇따랐다.

한때 '한류'가 해외에서 열풍을 일으켰던 적이 있었다. 그러나 '한류'는 주로 아시아권 국가들 사이에 머무른 반면 그라데이션K를 등에 업은 K컬처는 이제 전 세계로 그 세력을 확장시켜가고 있다. K컬처의 부가가치 유발효과가 10조원 이상이라는 분석이 나오고 있는 것이 전혀 이상할 일이 아닌 것이다. 이와 같은 K컬처의 힘이 가장 크게 영향을 미치는 것이 바로 '한국'이라는 국가 브랜드다.

1990년대만 해도 삼성과 LG 전자 제품의 포장재에는 '메이드 인 코리아Made in Korea'라는 생산지 라벨이 눈에 잘 띄지 않는 곳에 붙어 있었다. 삼성이나 LG 제품이 '한국'이라는 국가 브랜드 때문에 평가 절하되는 것을 막기 위해서였다. 그러나 그 후 비교적 단기간에 판도는 전혀 다른 형국이 되었다. 스위스 제네바 국제연합훈련연구원UNITAR에서 발표한 국가브랜드진흥원INBP의 2022년 국가브랜드 보고서에 따르면 세계 39개국 중 미국, 영국, 독일에 이어 한국의 브랜드 파워가 4위를 차지했다. 2021년에 비해 2단계 뛰어오른 결과였다. 한국은 2002년 이 연구가 처음 시작된 이래 가장 가파른 상승세를 기록했다.

국가 브랜드 파워는 국가 경쟁력 지수와 심리적 친근도 지수를 합한 값을 국가 브랜드 전략 지수로 곱해서 결정된다. 여기서 국가 경쟁력 지수는 각국의 경제력 수준을 반영한다. 심리적 친밀도는 국가 이미지와 관계로 구성되는데 이미지는 국가 지도자, 인권, 도덕성, 안정성, 문화 수준으로 구성되고 관계는 두 국가 간의 거리, 과거 관계, 현재 관계, 경험, 관광 선호도에 의해 결정된다. 한국의 급성장은 높은 심리적 친밀도와 강한 국가 브랜드 전략에 따른 결과로 분석되고 있다. K컬처의 세계적 확산이 매우 큰 영향을 미친 결과인 것이다. 한국의 국가 브랜드 파워가 이렇게 날개를 달고 있는 상황에서 미국 사회 속 한국 커뮤니티의 브랜드 파워는 과연 어느 정도일까? 커뮤니티의 브랜드 지수라고 하면 타 커뮤니티에 비해 한인 커뮤니티를 찾는 비한인들의 수, 한인 커뮤니티를 찾아서 한인들의 문화와 상품을 소비하는 수준, 한인들의 생활 방식에 대한 매력도, 미국 사회에 미치는 한인들의 영향력에 대한 이해와 인정에 대한 객관적인 분석이 통합적으로 이루어져야 할 것이다.

미국 사회에서 '한국인'이라고 하면 높은 교육열과 교육 수준, 경제적 자립, 성실하고 유능한 아시아인의 이미지를 떠올린다. 특히 K컬처가 유행하면서 한국이라는 나라에 대한 긍정적 이미지와 관심이 급속히 높아져서 주류 문화 트렌드의 한 흐름으로 자리를 잡고 있다. 그러나 브랜드 파워는 단순한 이미지가 아니다. 그것은 존재감과 영향력, 신뢰의 복합적 자산이다. 한 커뮤니티의 브랜드 파워가 강하다는 것은 그 커뮤니티가 사회적으로 존중받고 경제적 정치적 영향력을 행사하며 차세대에게 긍정적인 정체성을 심어줄 수 있는 기반을 갖췄다는 뜻이다. 브랜드 파워는 결국 한인 커뮤니티에 어떤 문제가 발생했을 때 미국 사회가 '그들을 무시해서는 안 된다'는 인식을 갖게 하는 것이다.

한인 커뮤니티의 브랜드 파워를 키울 수 있는 첫 번째 방법은 정치 참여 확대이다. '무시할 수 없는' 파워는 정치력에서 나온다. 한인 커뮤니티의 현재까지의 보편적인 이미지는 '경제적으로 성공했지만 정치적 조직력은 약한 커뮤니티'이다. 미국 정치에 더 관심을 가지고 적극적으로 참여하여 유권자로서의 힘을 집단화해야 한다. 아무리 똑똑하고 성실한 이미지를 가지고 있더라도 '표'를 행사하지 않으면 '힘'은 저절로 따라오지 않는다. 유대인 커뮤니티의 정치력은 소수에도 불구하고 조직적인 후원과 강력한 커뮤니티의 로비력 때문이라는 사실을 잊지 말자. 한인 기업 및 단체를 중심으로 한국계 후보 후원 클럽을 구성하거나 젊은 세대를 중심으로 시의회나 주청사 방문 체험 및 질의 세션을 운영하는 것도 좋은 전략이다. 둘째로 경제력 연대를 강화하는 방법도 중요하다. 라틴계나 중국계 커뮤니티가 브랜드를 강화해온 방식으로 지역의 한인 상권에 대한 조직적 지지나 '커뮤니티 소비의 날'을 만들어 지역 내 결속을 강화하는 것이다. 한인 커뮤니티의 조직력과 연대의 힘을 외부에 드러내는 효과를 노릴 수 있으며 이는 곧 커뮤니티 브랜드의 신뢰도로 이어질 수 있다.

커뮤니티의 브랜드 파워는 우리가 그저 '혼자 잘 먹고 잘사는 것이 목표'인 사회 구성원이 아니라 사회에 기여하고 요구할 수 있는 집단이라는 인식을 심어주는 것이 먼저이다. '우리의 존재를 알리는' 게 아니라 '우리의 존재가 가진 무게'를 보여주는 것이다. 우리의 브랜드 파워는 결국 우리가 우리 자신을 어떻게 인식하고, 연결하고, 조직하고 드러내는가에 달려 있다.

우리는 '코리안 & 아메리칸'

2024년 뉴저지주 예비 선거를 앞두고 실시한 '2022~2023년 뉴저지주 한인 유권자 현황 및 투표 참여 실태 분석'에 따르면, 이 지역 한인 유권자 중 예비 선거 실제 투표 참여자는 6%로 등록 유권자가 한인 두 명 중 한 명꼴이었던 것에 비해 실제 참여율은 극히 저조했다. 10명 중 한 명도 투표를 하지 않았고 본 선거 투표자도 10명 중 2명에 불과했다. 유권자 등록은 해놓고 정작 투표는 잘 하지 않는 것이다.

연령별 분석 결과는 더욱 심각했다. 본 선거 기준으로 70대와 80대가 각각 32.2%로 가장 높은 투표율을 보였다. 해마다 사실상 7080세대가 한인 유권자들의 목소리를 대변해오고 있는 것이나 마찬가지이다.

	2022.6 예비선거		2022.11 본선거	
	전체	한인	전체	한인
인구	19,677,151*	154,211	19,677,151	154,211
잠정 유권자	13,949,757	94,488	13,949,757	94,488
등록 유권자수	11,213,164	45,517	12,073,011	42,849
투표자	1,412,004	3,109	5,928,456	13,982
유권자 등록률	80.4%	48.2%	87.0%	46.0%
등록 유권자의 투표율	12.6%	6.83%	49.0%	33.0%
	2023.6 예비선거		2023.11 본선거	
	전체	한인	전체	한인
인구	19,677,151	154,211	19,677,151	154,211
잠정 유권자	13,949,757	109,588	13,949,757	109,588
등록 유권자수	11,715,203	48,537	11,873,681	49,659
투표자	471,199	1,675	2,655,167	6,016
유권자 등록률	84.0%	51.4%	85.1%	45.3%
등록 유권자의 투표율	4.0%	3.5%	22.4%	12.1%

비고: American Community Survey 기준(2020년) - 2022년, 2023년 인구 변화 추이는 적용하지 않았음. / 한인 인구 및 잠정 유권자(시민권자)는 한국 동포청 자료 기준. / 한인 유권자는 시민권자로 연령 구분하지 않았음. / 18세 이상 추청한 잠정 유권자

뉴욕주 전체 유권자와 한인 유권자 비교표

	2022.11.08 본선거		2023.11.07 본선거		2023.6.6 예비선거	
	전체	한인	전체	한인	전체	한인
인구*	9,260,817	146,819	9,290,841	133,307	9,290,841	133,307
잠정 유권자 (18세 이상, 시민권자)*	6,354,747	72,753	6,354,747	74,710	6,354,747	74,710
등록 유권수	5,920,496	39,756	5,801,228	38,190	5,672,025	36,994
투표자	2,648,729	11,614	1,751,418	7,618	591,460	2,074
유권자 등록률	93%	55%	91%	51%	89%	50%
등록 유권자의 투표율	45%	29%	30%	20%	10%	6%

*참고: 한인 인구 및 잠정 유권자 (시민권자)는 한국 재외동포청 자료 기준; 한인 유권자는 시민권자로 연령 구분하지 않았음.

우선 뉴저지주 전체 유권자 등록 현황과 한인 유권자 등록 현황 그리고 투표율을 비교하였다. 시민참여센터는 그동안 80% 이상 유권자 등록, 80% 이상 투표 참여율을 목표로 하는 캠페인을 진행해오고 있다. 표에서 보면 뉴저지주의 유권자 등록율은 90%가 넘는다. 이는 뉴저지주 주민들에게 유권자 등록은 선택이지만 대부분이 등록을 하는 일상의 영역임을 보여준다.

뉴저지주 유권자와 전체 한인 유권자 비교표

시민참여센터는 매년 뉴욕과 뉴저지 한인 유권자 데이터를 분석하여 발표하고 있다. 이는 한인 정치력의 현 좌표를 파악하고 새로운 좌표를 설정하기 위함이다.

지난 2023년 한인 미디어 라디오 코리아가 유튜브 채널인 '스트릿 사운드'에서 한인들이 정치에 얼마나 관심이 있고 어떤 성향의 정치인을 선호하는지를 알아보기 위해 실시한 사전 조사에서 20대에서부터 40대 초반의 대부분의 젊은 층이 '정치에 관심이 없다'며 인터뷰 자체를 거부했다. 40대 이상의 한인 1세대들은 LA 폭동을 직접 겪으면서 '정치'가 일상의 문제를 해결해줄 수 있다는 것을 몸으로 배운 반면 20~40대 초반의 2세대와 3세대는 판이하게 다른 성향을 보인다. 유권자 등록률 자체가 낮고 투표율도 아시아계 전체 평균을 한참 밑도는 수준이다.

이들이 얘기하는 가장 큰 이유는 '내가 관심을 가진다고 바뀌는 것이 없다'는 것이었다. 그리고 관심을 두지 않는 이유로 '먹고 살기 바쁜데 정치적인 것에 관여할 여력이 어디 있는가. 뉴스를 보면서 사회의 흐름은 인지하고 있지만 내가 내 주장을 피력하면서 이건 이렇게 하면 안 된다, 저렇게 해야 한다는 의견을 피력할 여건이 되지 않는다고 본다'고 답했다. 그리고 젊은 세대와 장년층 이상의 세대 간에 관심을 가지는 정치 문제도 서로 달랐다. 젊은 세대는 인종 간의 연대, 미투 운동Me Too Movement이나 흑인 인권 캠페인Black Lives Matter, 성소수자 인권, 기후 위기 등의 문제에 관심이 많았지만 연령대가 높을수록 이것들은 관심권 밖의 문제였다.

이민 2세대는 미국에서 태어나고 교육을 받고 자라 언어적 문화적으로 '미국인'이다. 정체성부터가 '한인'으로서의 소속감이 희박한 것이다. 이들에게는 부모 세대가 중요하게 여기며 살아온 '우리끼리의 결속'이 아닌 미국 주류 사회 속에서 자아를 실현하는 것이 더 앞선 목표다. 일명 Z세대로 분류되는 3세대는 더욱 분명한 차이를 보인다. '미국인'이라는 정체성은 당연한 것이고 한국 커뮤니티는 '고향'이라기보다는 그저 '부모님의 추억'이나 '출생적 배경'일 뿐이다. 이런 감정적인 거리감으로 인해 한인 커뮤니티의 문제점들은 이들의 삶과 맞닿아 있지 않은 '소수계'의 일이 될 가능성이 높다.

실제로 한 리서치 센터의 조사에 따르면 미국 내 한인 청년들 중 절반 이상이 자신을 '아시안 아메리칸'으로 정의하며 '코리안 아메리칸'이라는 정체성은 그 안에 포함된 하나의 하위 범주로 인식하고 있다. 이들은 미국의 교육 시스템 안에서 교육을 받고 자라 미국식 가치와 문화를 기반으로 사고하지만 가족과의 관계나 음식, 유년기와 성장기의 이미지들은 다분히 한국적이다. 이들은 늘 두 세계 안에 발을 걸치고 있고 양쪽을 오가며 살아간다. 그러나 '소수'보다는 다수의 일부가 되고자 하는 본능이 이들을 미국식 정체성에 더 가깝게 만들었다. 이러한 정체성의 변화가 초래한 부모 세대와의 거리감은 세대 간의 단절을 심화시키고 공동체와의 거리감으로 이어졌다. 한인 2, 3세대들의 커뮤니티와의 연대감은 매우 희박한 수준이다. 따라서 이 세대들이 한인 커뮤니티의 정치 참여에서 멀어진 것은 어쩌면 당연한 결과일 것이다. 커뮤니티가 자신과 연결되어 있지 않다고 느끼기 때문이다. 정치란 결국 '나의 이야기'였을 때 행동이 따르는 법이다.

젊은 한인 세대의 낮은 정치 참여율은 단순한 수치가 아니라 하나의 경고라는 것을 깨달아야 한다. 젊은 세대들이 정치에서 멀어질수록 한인 커뮤니티의 영향력은 약해질 것이다. 이 경고의 무게를 가볍게 여기고 이들의 침묵을 방관한다면 시간이 흐를수록 세대 간의 단절은 심화되고 한인 커뮤니티는 '영향력 없는 집단'의 이미지를 거듭 확인시켜주고 말 것이다. 당장 한인 커뮤니티에서 열리는 행사에 참여하는 젊은 세대들의 숫자만 봐도 이러한 현실은 어렵지 않게 눈으로 확인할 수 있다. 그렇다면 해결 방법은 뭐가 있을까.

우선 젊은 세대들의 한인 커뮤니티에 대한 소속감을 회복시켜주어야 한다. 아직까지도 한인 커뮤니티의 사고방식과 채널 소통 방식은 1세대 중심으로 이루어지고 있다. 한국어보다 영어가 더 익숙한 젊은 한인 세대들이 '커뮤니티에 속해 있다'는 소속감 대신 거리감을 느낄 가능성이 높은 것이다. 이민 1세대가 젊은 2, 3세대에게 무언가를 물려주는 구조가 아니라 각 세대가 한 테이블에 둘러앉는 방식을 도입해야 한다. 한인 커뮤니티 내 프로젝트들의 기획과 실행 과정에서 2, 3세대들이 주도적으로 참여할 수 있는 방안을 고민해야 한다. 영어를 기반으로 한 정치적 콘텐츠로 커뮤니티의 이슈를 '공유 가능한 언어'로 전환해야 한다. 그리고 학교와 지역 단체를 연결하는 청년 커뮤니티 체험 프로그램도 필요하다. 정치 문제가 실생활과 그리 먼 것이 아니라는 감각을 경험에서 얻을 수 있도록 해야 하는 것이다.

정체성 교육 또한 '이민사'라는 흐름 속에서 이루어져야 한다. '한국 문화 배우기'를 넘어서 이민의 역사, 인종 정치, 이중 언어까지 포괄하는 넓은 방식의 교육이 필요하다. '코리안'이자 '아메리칸'이라는 복합적 정체성은 그저 하나의 연결된 단어로 존재하는 것이 아니라 매일의 일상에서 다듬어지고 확장되는 하나의 '여정'이다. 그 정확한 개념은 청년 세대 모두가 각자 자신만의 기둥을 세우고 가지를 뻗어가며 스스로 찾아내야 할 숙제다. 그리고 이민 1세대들 역시 이 여정을 함께하며 '함께 만들어가는 것'으로 그 완성을 도울 의무가 있다.

정치 참여란 투표함 앞에서만 결정되는 것이 아니다. 자발적으로 투표함 앞까지 걸어가는 수고의 동기를 얼마나 심어줄 수 있는가가 중요하다. 내가 속한 커뮤니티와의 감정적 연대가 있어야 비로소 '우리의 일'이라는 공감대 형성이 가능하다. 젊은 세대가 외면하고 침묵하는 사이 한인 커뮤니티는 점점 '존재하지만 보이지 않는 존재'로 남을 위험이 커진다. '우리는 어디에 속하느냐보다 어디에서부터 걸어왔는지를 잊지 말아야 한다'는 말처럼 우리 안의 '코리안'과 '아메리칸'은 양자택일이 아니라 우리 모두를 구성하는 두 개의 뿌리이다. 이제는 우리 커뮤니티 안의 문제를 인식하고 세대 간에 서로 말을 걸고 먼저 손을 내밀고 함께 걸어갈 수 있는 방법을 모색해야 할 때다.

해외 동포의 숙명

　고 신효범 의원이 클린턴 행정부 때 주한미대사 후보로 지명이 되어 인터뷰를 할 때의 일화다. 국무부 책임자가 단도직입적으로 물었다고 한다. '당신은 한국에서 태어나서 미국에서 정치인으로 활동을 하고 있는데, 만약에 주한 미대사로 임명을 받아서 한국에서 활동을 하다가 한국과 미국 간의 문제가 생기면 누구 편을 들 것인가.' 그때 신 의원은 순간의 망설임도 없이 한국에서 태어났지만 미국의 양아버지가 나를 입양하여 나를 오늘날 이렇게 성장하게 키워주었기에 한국은 어머니와 같고 미국은 아버지와 같은 나라라고 답했다. 그리고 이어 어머니와 아버지가 싸우면 누구편을 들 것인지를 국무부 책임자에게 되물었다고 했다. 그러자 그가 당황해하면서 대답을 못했는데, 신 의원은 어머니 아버지가 싸워서 이혼을 하게 되면 고아가 되는데 두분이 싸우지 않게 노력하는 게 자식된 도리가 아니냐고 답했다.

이렇듯 미주 한인들뿐만 아니라 전 세계에 흩어져 살고 있는 해외 동포들은 한국과 자신들의 거주 국가의 관계가 좋을 때보다 안전하고 발전을 도모할 수 있다. 마찬가지로 해외 동포들도 모국과 거주국의 관계를 더욱더 좋은 관계로 만드는 데 중요한 역할을 해야 한다. 바로 이런 역할을 하기 위해서는 거주국에서 영향력을 행사할 수 있는 힘을 가져야 한다.

그래서 늘 거주국의 중심적 역할을 하는 주요 지도자들과 좋은 관계를 만드는 데 관심을 가지고 노력을 해야 한다. 고 신효범 의원의 말처럼 모국과 거주국의 관계를 더욱더 좋게 만들어야 하는 것이 해외 동포의 숙명이다.

특히 미국은 그런 점에서 개방적인 나라다. 미주 동포가 평소에 친밀감이 있는 연방 정치인들에게 한국과 미국의 관계 발전을 위하여 한국의 정치인들을 소개할 수 있고 또 그로 인해서 두 나라 간 정치인들이 좋은 관계를 만들 수가 있다. 2014년 1월 20일 한국의 정청래 의원이 미국의 연방의회를 방문하였다. 원래 취지는 1989년 12월 13일 새벽에 당시 주한미대사였던 도널드 그레그Donald Gregg 대사의 관저에 무단 침입을 하였던 것에 대해 꼭 만나서 전하고 싶은 것이 있어서 미국에 왔다. 그러면서 이왕 온 김에 한국의 국회의원으로서 의원 외교를 하고 싶다고 하였고 평소에 알고 지내던 의원들에게 연락을 하여 만남을 주선하였다. 마이크 혼다 의원은 위안부 결의안으로 잘 알고 있었고 당시 아시아 태평양 환경 소위원회 새로운 위원장이었던 스티브 샤보트Steve Chabot 위원장과 외교위원회 엘리엇 엥겔Eliot Engel간사 그리고 그레이스 멩 의원을 만났다.

여기서 정 의원은 두가지 큰 결과를 얻었다. 첫 번째는 이날 혼다 의원이 국무부 예산안에 일본이 미 하원에서 통과 시킨 위안부 결의안을 얼마나 실천을 잘하고 있는지를 확인하고 보고하라는 내용의 법안을 통과 시켰는데, 혼다 의원은 정청래 의원을 만났을 때 선물이라고 말했다. 그리고 두 번째는 샤보트 위원장을 만났을 때다. 정 의원은 인사가 끝나자마자 그 전날에 일본 아베 수상의 친동생 기시 노부오 방위대신이 샤보트 위원장을 만나서 아베 수상이 야스쿠니 신사에 공물을 바치는 것을 인정했다고 말하는데 그것이 사실이냐고 물었다. 그러자 샤보트 위원장은 벌떡 일어서면서 본인은 절대 그런 말을 한 적이 없다며, 통역의 실수이거나 의도적인 왜곡이라고 대답했다. 그러면서 본인은 앞서 아시아태평양소위원회 위원장을 했던 에니 팔레오마베가Eni Faleomavaega 의원과 완벽히 같은 입장이라고 말하였다. 에니 위원장은 전임 아시아태평양 소위원회 위원장으로, 2007년 2월 15일 위안부 결의안의 시동을 거는 의회 청문회를 열어준 분이다. 당시 KBS의 이강덕 특파원이 휴대전화로 찍어서 방송으로 송출하여 일본과의 외교전에서 완벽한 승리를 거두었다.

　한인들이 샤보트 위원장을 만나서 이야기를 했더라면 샤보트 위원장은 그냥 그건 오해라고만 했을 것이다. 그러나 동맹국의 정치인이 물었기에 그 무게감이 달랐고 당시 한국과 일본에서 큰 이슈가 되게 하였다. 이후로도 샤보트 위원장은 위안부 관련 문제에 대하여 한국인들의 감정을 미국 시민들에게 알리는 중요성을 여러 번 언급했다.

　바로 이런 결과가 미주 한인들이 오랜 기간 정치적인 힘을 키우고 그 영향력을 만들어 미국 정치인들과 좋은 관계를 만들었기에 가능한 일이다. 특히 일본군 강제 동원 위안부 결의안(H.Res121) 미 하원 통과, 한미 간 비자 면제 프로그램, 자유무역협정FTA가 미국에서 진행될 수 있었던 것도 미주 동포들의 역할이 아주 컸다. 그리고 시민참여센터가 그 중심에 있었다는 것을 자부하고 있다.

그레그 전 주한대사, 샤보트 의원, 혼다 의원, 엥겔 의원, 리사 윌리엄(에니 팔레오마베가 수석 보좌관, 샤보트 의원과 엥겔 의원 사무실과의 미팅을 잡아준 책임자)

스티브 샤보트 위원장과 대화하는 정청래 의원

내가 뿌린 씨앗 한 알이
푸른 들을 이룰 때

　아직까지도 미주 한인 사회의 근간을 이루는 것은 이민 1세대들이다. 그러나 앞으로 10년, 20년이 지나고 나면 한인 사회 구성원의 70~80%가 1.5세, 2세, 3세로 채워질 것이다. 흐르는 시간 앞에 멈추어 있을 수 있는 것은 아무것도 없다. 그러니 한인 사회의 미래를 걱정한다면 젊은 한인 세대들의 정체성과 의식 구조에 신경이 쓰이지 않을 수가 없다.

　세대들이 구축해놓은 각 도시의 한인회나 각종 협회, 직능단체들이 존폐 위기에 몰려 있다. 구체적으로 진행하는 프로그램 없이 허울 좋은 간판만 걸고 있는 곳들이 허다하다. 1세 중심으로 형성되어 있는 정체성과 모국에 대한 디아스포라 정신이 다음 세대들에게 전해지고 이어지지 못한다면 한인 사회의 기

등부터 흔들리는 변화가 생길 것이 불 보듯 뻔하다. 다음 세대들에게 미리 한인 커뮤니티에 대한 소속감과 정체성을 심어주는 것이 중요하다. 이러한 다분히 교육적인 차원에서 시작한 것이 시민참여센터의 '풀뿌리 인턴십'이었다.

    1996년부터 운영했던 토요 어린이 문화학교에 대한 평가에 의하면 중학교에 진학하면서 대부분 한글학교를 그만두기 때문에 이 나이대의 학생들을 위한 새로운 형태의 정체성 교육이 필요하다는 생각이 들었다. 여기서 멈추면 자연스럽게 한인 커뮤니티에 대한 소속감이 희미해질 수도 있기 때문이었다. 그래서 2004년 실험적으로 고등학생들을 대상으로 하는 여름 인턴십을 시작했다. '풀뿌리 인턴십 프로그램'은 한인 청소년들의 정치에 대한 인식 제고와 커뮤니티를 기반으로 한 정치 참여 의식을 실질적으로 이끌어내는 것이 목적이었다. 한인 청소년들이 미국 사회 내에서 자신의 권리와 책임을 제대로 이해하고 미국 시민으로 실제 정치에 주도적으로 참여하는 기회를 제공하는 데 초점을 맞췄다. 그리고 무엇보다 자라나는 이민 2세대와 3세대가 한인 커뮤니티와 정치 사이에서 '섬'처럼 그저 떠도는 존재가 되지 않도록 하는 데 공을 들였다. 이들이야말로 한인 사회의 미래를 좌우할 조타수이기 때문이었다.

    '풀뿌리 인턴십'이라는 이름을 붙이게 된 것은 2007년 미 하원에서 일본군 강제 동원 위안부 피해자들에게 일본의 사죄를 요구하는 하원 결의안을 통과시키면서 경험했던 시민 풀뿌리 활동 방식을 인턴들에게 제대로 가르쳐야겠다는 판단에 따른 것이었다. "정치는 어른들의 이야기만 같았어요. 그런데 그 날, 내 목소리도 정치가 될 수 있다는 걸 처음 알았어요." 시민참여센터의 '풀뿌리 인턴십 프로그램'에 참여했던 한 고등학생의 말이다. '풀뿌리 인턴십'이 단지 여름방학을 의미 있게 보내기 위한 수많은 프로그램 중 하나가 아니라 한인 사회의 정치적 미래를 준비하는 가장 중요한 씨앗이 되어 그 열매를 거두고 있는 것이다.

풀뿌리 인턴십은 6주에서 8주간 진행되며 참가 학생들은 유권자 등록 캠페인 및 전화 홍보, 지역 정치인 및 공공기관과의 간담회 참석, 공공 정책 및 입법 이슈 리서치 프로젝트, 커뮤니티 내 현안에 대한 캠페인 기획 및 실행, 역사적 이슈에 대한 참여 등의 프로그램으로 진행된다. 매년 30명에서 50명 내외의 인원을 선발하는데 프로그램을 시작한 이래 600명 이상의 한인 고등학생들이 참여했다.

풀뿌리 인턴십은 수많은 한인 청소년들에게 '참여의 언어'를 가르쳐왔다. 그리고 그 과정에서 단순한 교육 차원의 수준을 넘어 실제적인 커뮤니티의 변화를 이끌어내는 놀라운 성과를 이뤄냈다. 2007년 연방의회의 위안부 결의안 통과는 사실상 풀뿌리 인턴십에 참가한 고등학생들이 없었다면 과연 가능했을

지 의문이 들 정도다. 그때 당시 학생들은 직접 서명운동을 벌이고 지역 정치인 사무실을 찾아가 지지를 요청하며 캠페인의 최전선에 섰다. 그리고 놀랍게도 이들의 목소리가 정치인들에게 단지 '어린 학생들의 의견'이 아니라 실제적인 정치적 압력으로 작용을 하기 시작했다. 한인 미디어에서 "청소년들이 역사적 정의를 위해 행동한 상징적 사건"이라고 평할 정도였다.

2008년 고등학생 인턴들을 데리고 연방의회를 방문한 적이 있었는데 그때 건물 밖에서 우연히 마주친 미 하원 외교위원회 일리아나 로스 레티넨Ileana Carmen Ros Lehtinen 의원이 위안부 이슈를 지역 차원에서 확대할 방안을 고민해보라고 조언을 건넸다. 그렇게 고민은 시작됐으나 어떻게 방향을 잡아야 할지 막막하기만 했다. 그러던 차에 퀸즈보로 커뮤니티 칼리지의 쿠퍼버그 홀로코스트 센터에 동아시아 역사 인턴십을 제안해 일본 위안부 문제를 학생들에게 가르칠 수 있는 기회가 생겼다. 그리고 이때 기림비 건립을 위한 활동이 아울러 시작됐다. 일본 정부의 전방위적 압박에도 불구하고 뉴저지 팰리세이즈파크에 위안부 기림비가 건립될 수 있었던 것은 지역 커뮤니티의 단합과 함께 이를 지지하고 알린 청소년들의 활동이 있었기 때문이었다. 미래의 유권자들이 한국 역사의 아픔을 치유하는 수호자로 거듭나는 순간이었다.

풀뿌리 인턴십의 성과는 역사적 이슈에 머무르지 않았다.

노던 블러버드 주정차 금지 기자 회견 현장
피터 구 시의원과 함께 뉴욕시 교통국의 노던 블러버드 주정차 금지 규정 해제 기자 회견을 열었다.(본인 오른쪽부터 전 리우 감사원장 한인 보좌관 아그네스 김, 피터 구 시의원, 그 뒤에는 인턴들, 피터 구 시의원 오른쪽은 당시 이 에스더 시민참여센터 이사장, 그리고 퀸즈한인회 유재봉 회장, 노던 166가의 노던 약국의 정도성 약사, 맨 오른쪽엔 인턴들과 노던의 주정차 금지 해제 프로젝트를 세우고 결과를 만들어낸 시민참여센터 박제진 변호사이다.)

한인 커뮤니티의 작은 현안에도 효과를 발휘했다. 노던 블러버드의 주정차 금지 해제 운동은 인턴십의 실제적 효과를 보여준 사례다. 학생들은 발로 뛰는 현장 조사를 통해 실태를 분석하고 이를 토대로 청원서를 만들고 커뮤니티 설명회를 개최했다. 캠페인의 결과는 뉴욕시 교통국의 정책 변화로 이어졌고 지역 상권 활성화에 기여했다. 오후 4시부터 7시까지 뉴욕 노던 블러버드 메인 스트릿부터 유토피아 파크웨이까지 한시적으로 주정차

> **사람/사람들** **램지어 문제 대처 요구, 백악관 촉구**
>
> 댓글 · 2021-04-08 (목) 12:00:00
>
> ▶ 하버드 법대 자넷 박씨
>
>
>
> 하버드 등 15개 로스쿨의 아시아계 학생들이 백악관에 위안부 문제 관여를 촉구하는 편지를 보내는 데 한인 하버드 법대생 자넷 박(27)씨가 주도적인 역할을 했다.
>
> 박씨는 연합뉴스 인터뷰에서 이번 촉구 서한 논의 과정에서 인권이라는 키워드에 주목했다며 바이든 행정부가 북한과 미얀마 인권을 거론하는 등 인권문제에 집중하고 있기 때문에 위안부 문제에도 나설 수 있다는 희망을 봤다"고 설명했다. 그러면서 동아시아에서 미국의 미래를 위해서도 위안부 문제는 반드시 매듭지어져야 한다고 지적했다.
>
> 박씨는 "미국 입장에서 일본은 중요한 동맹국이지만, 또 다른 동맹국인 한국이 포함된 한미일 협력이 원활해져야 더 강한 영향력을 발휘할 수 있다"며 "한미일이 협력하려면 위안부 문제가 해결돼야 한다"고 말했다.

하버드 법대 자넷 지수 박 학생의 청원 관련 기사
시민참여센터 인턴을 하면서 위안부 피해자들의 참상을 알게 되어 램지어 교수 문제를 백악관에 청원했다.

금지가 해제된 것을 시작으로 2012년 마침내 시 교통국이 주정차 금지 완전 해제를 선언한 것이다. 이런 일련의 성과들은 단지 우연이나 상징적 이벤트가 아니다. 시민참여센터의 전략적인 지도와 학생들의 능동적인 참여, 커뮤니티의 신뢰라는 세 개의 축이 결합한 결과물이며 동시에 '한인 청소년들이 지역사회의 변화를 이끌어낼 수 있다'는 증거다.

"시민참여센터 인턴하며 지방정치 배운 열혈청년"

김진환 시민참여센터 인턴의 기사

풀뿌리 인턴십 활동은 단순한 학생 시절의 경험에 그치지 않고 참가했던 학생들의 이후의 삶에도 깊은 영향을 미쳤다. 기림비 설립에 참가했던 인턴 학생 한 명은 하버드 로스쿨에 진학해 2020년 로스쿨의 마크 램지어John Mark Ramseyer 교수가 일본군 '위안부' 시스템의 범죄성을 부인하며 피해 여성들이 자발적으로 계약해서 이뤄진 것이라고 주장하는 논문을 발표해 논란을 일으키자 로스쿨 학생들을 조직해 그의 논리를 반박하며 여러 역사학자가 램지어 교수를 비판하고 나서는 계기를 만들기도 했다.

2010년 인턴십에 참가했던 그레잇넥 사우스 고등학교의 김

교회를 방문하여 유권자 등록 받고 있는 인턴들과 이에 동참한 폴 벨론 시의원

진환 군은 당시 인구 센서스 조사 캠페인을 했던 경험을 살려 백악관 인턴십에 합격하기도 했다. 미국의 인구 센서스는 단순한 인구조사가 아니라 그 결과를 근거로 지역별 정부 예산과 보조금이 배정되므로 매우 중요한 것이다. 백악관의 스태프와 인터뷰를 하며 그는 한인 이민자들의 실태와 캠페인 당시 센서스 참여가 필요한 이유를 설득했던 경험을 이야기해 유일하게 인턴십에 통과할 수 있었다.

학교에서는 학생들에게 정치나 사회활동, 봉사활동 등에 대한 크이수 인정이나, 점수는 부여하지만 직접 현장에 나가 몸을 부딪치며 경험할 수 있도록 가르치지는 않는다. 이것은 순전히 각 지역 커뮤니티의 몫이다. 풀뿌리 인턴십은 커뮤니티의 차세대 일꾼을 길러내는 인큐베이터와 같다. 자칫 겉도는 이방인이 될 가능성이 높은 2세대, 3세대들에게 커뮤니티 존립의 필요성을 각성시키고 한민족 공동체에 대한 애정, 그리고 정체성을 심어주는 것이 우리의 목표다. 지금은 각자가 이름 없는 풀 한 포기에 불과할지라도 언젠가는 이들이 함께 모여 거대한 푸른 들판을 이룰 것이라 믿는다. 풀뿌리 인턴십은 그 작은 한 알의 씨앗을 심는 일이다.

'미분'보다는 '적분'

　수학에서 '미분'은 어떤 것을 끊임없이 나누어 변화의 순간을 포착하는 과정이다. 반대로 '적분'은 아주 작고 미세한 요소들을 끝없이 더해 하나의 커다란 총합을 만들어내는 행위다. '미분'은 결국 나누기만 하다가 제로로 수렴하게 되고, '적분'은 더하기를 거듭하여 무한대로 나아간다. 정치력의 기본은 '미분'이 아니라 '적분'이다. 하나의 커뮤니티에 '투표하지 않는 개인'의 수가 점점 많아질수록 수학의 '미분'처럼 커뮤니티의 힘은 점점 0으로 향하여 결국 그 힘은 점처럼 작아질 수밖에 없다.

　거대한 정치 시스템에서 '일개 개인'의 목소리와 힘은 그야말로 눈에 보이지 않는 점처럼 작고 보잘것없다. 그러나 그 '한 점'들이 결합하고 또 결합하여 '적분'을 할 때 무한에 가까운 총합을 이루어낼 수 있다. 그것이 결국 커뮤니티의 '정치력'을 결정짓게 되는 것이다. 우리는 '투표합시다'라는 구호 앞에서 매번 이런 의문을 꺼내든다. '이런다고 뭐가 바뀔까?' 그러나 수학이 증명해주고 있다. '미소한 것들이 모여 커다란 면적을 만들고, 작디작은 변화들이 모여 하나의 방향성을 결정한다'고 말이다. '힘없는 머릿수'가 모일 때 역사적 서사를 다시 쓸 수 있다.

시민참여센터에서는 최근 뉴욕에 거주하는 고려인들에게 법률지원을 제공하기 위해 BLS^{Brooklyn Legal Services}와 파트너십을 맺었다. 지난 30년간 많은 고려인들이 추첨 비자^{Diversity Visa Lottery}와 난민 신청 절차 등을 통해 미국으로 이주했다. 그러나 언어 능력의 부족과 미국의 법률 시스템에 대한 접근이 제한되어 미국의 법률 및 사회 서비스를 이용하는 데 큰 어려움을 겪어왔다.

고려인은 구 소련 지역에 거주하는 한민족을 부르는 말이다. 1870년 경 조선에서 발생한 대흉년으로 사람들이 압록강과 두만강을 넘어가 터를 잡고 농사를 지으며 살기 시작한 데서 기원한다. 여러 나라가 힘을 겨루던 역사적 혼돈 속에서 만주와 연해주에 터를 잡은 이들은 처음에는 '재러 조선인'이었다가 중앙아시아로 간 후에는 '한인계 소련인'이 됐다가 소련의 해체 후에는 다시 새로운 국적으로 각각 살아가고 있다.

고려인들의 삶은 한국판 디아스포라^{Diaspora}다. 비록 '흩어진 사람들'이지만 여전히 부모로부터 배운 한국인의 규범과 생활 습관을 유지하고 있는 이들이 많다. 당근 김치 '마르코프차'를 만들어내고 현지 재료로 잔칫날 '국수'를 만들어 먹는다. 돌잔치와 한국의 전통적인 혼례식 절차, 환갑잔치 등의 풍속을 지키고 '코료사람(고려사람)'이라는 말을 러시아인들에게 각인시킨 것이 바로 이들이다.

시민참여센터는 수년 전부터 미국의 중국 동포들과 고려인 자녀들에게 풀뿌리 인턴십 참여를 홍보해왔다. 그리고 이 중에는 인턴 코디네이터로 직접 풀뿌리 인턴십을 이끄는 이들도 생겨났다. 아버지의 권유로 2018년 풀뿌리 인턴십에 참가했던 애나 손은 신학교 학생이었던 아버지를 따라 경험했던 한국 생활이 그리 좋은 기억이 아니었다. 고려인이라고 차별을 받았던 것이다. 그때부터 자신은 한국인이 아니라 고려인이라는 마음으로 살았다고 했다. 당시 우리가 일부러 고려인 학생을 인턴십에 선발했던 것은 이런 아이들에게 우리가 같은 한민족이라는 생각을 심어주기 위해서였다. 고려인이든 한국인이든 미국 사회에서는 다 같은 코리안 아메리칸이라는 우리의 얘기에 애나 손은 한 번도 그런 생각을 해본 적이 없다며 놀라워했다. 이후 대학생이 된 애나는 코디네이터로 풀뿌리 인턴십에 참가해 인턴들을 교육하고 관리하는 일을 자처했다.

2020년에는 인구 센서스 조사를 위해 조선족 동포들을 고

한중미사랑협회와 공동으로 진행한 법률 교육 현장

한중미사랑협회와 시민참여센터가 공동 개최한 미군 입대 설명회

용해 자신이 중국인이라고 대답하는 조선족 동포들에게 '당신들은 한국인 핏줄이니까 중국인이 아니라 한국인'이라고 교육을 하도록 했다. 이때 활동했던 조선족 동포들은 이후 한중미사랑협회라는 단체를 만들어 조선족 동포들이 미국의 제도와 사회 시스템을 이해하는 일을 돕는 활동에 나서기도 했다.

시민참여센터에서는 고려인과 조선족 동포들까지 범위를 확대해 각종 법률지원 서비스를 제공하고 이민법 설명회도 개최하고 있다. 이렇게 지속적으로 한국 외 출신의 한민족 동포들을 한인 커뮤니티의 울타리 안에 적극적으로 포용하기 위해 노력하는 것은 전 세계 어디에서 왔던 한민족의 후손이라면 모두 코리안 아메리칸으로 묶어낼 필요가 있기 때문이다. 특히 이들이야말로 한국이 일제의 침략으로 식민지가 되었을 때 조국의 해방과 독립을 위해 모든 것을 바쳐서 싸운 독립투사들의 후손이 아닌가.

살아온 환경이 너무나 다르고 언어 소통에 어려움이 많은 이민 1세대들에 비해 미국 사회에 적응한 다음 세대들은 한인 커뮤니티에 대한 소속감과 정체성을 심어주기만 한다면 얼마든지 하나의 커뮤니티를 형성할 수 있다. 드라마 〈미스터 션샤인〉이 선풍적인 인기를 끌었던 그 해, 고려인 학생들을 포함한 인턴십 참가 학생들을 이끌고 뉴욕 퀸즈 카운티의 마스페스Maspeth에

황기환 지사 묘에 방문한 시민참여센터 인턴십 참가자들

황기환 지사는 〈미스터 션샤인〉의 모델로 알려져 있고 다행히 활동 기록이 있어서 한국으로 유해를 모셔갔지만 10미터 옆에 있는 염세우 지사는 비석은 있으되 구체적 기록이 남아 있지 않아 한국으로 모셔가지 못했다. 그리고 이 두 지사의 무덤 사이 공터에는 묘비조차 세울 수 없을 정도로 가난했던 수많은 동포들의 유해가 안장되어 있다.

염세우 지사 묘에 방문한 시민 참여센터 인턴십 참자가들

버겐 카운티 정의의 섬
위안부 기림비 앞에서

펠리세이즈파크 위안부 기림비

있는 마운트 올리베 묘지Mount Olivet Cemetery에 잠들어 있는 고 황기환, 염세우 애국지사의 묘를 방문하고 뉴저지에 세워져 있는 위안부 기림비를 함께 찾아본 것도 이런 이유에서였다.

소수 중에서도 미약한 소수인 한인 커뮤니티의 성장을 위해 아무리 자라온 환경이 다르고 언어가 달라도 한민족의 뿌리를 나누어가진 형제라면 힘을 모아야 할 것이다. '미분'으로 제로를 향해 갈 것인지, '적분'으로 무한대로 나아갈 것인지는 우리의 선택에 달려 있다. 정치력의 기본은 '숫자'다. 미국에 삶의 터전을 일구고 뿌리를 내리고 생존이 아니라 번영의 길로 가기 위해서는 커뮤니티의 울타리를 넓히고 함께 손을 잡고 나아가야 한다.

2025년 2월 1일, 브루클린의 고려인 교회에서 고려인 대상 법률 세미나 개최

어린이날 잔치
한중미사랑협회, 브루클린의 고려 사람들, 음악과 그림을 가르치는 헬핑 멍키 비영리 기관, 그리고 시민참여센터가 함께 참여했다. 당시 행사에 린다 리 시의원과 샌드라 옹 시의원이 함께했다.

제왕의 교육,
'방구석'이 시작이다

배워야 왕 노릇도 할 수 있다. 인류 역사에서 건국 후 300년을 넘긴 나라가 많지 않다. 설령 300년을 넘겼다고 해도 건국이념이 바뀌어서 전혀 다른 국가로 탈바꿈하는 경우가 많았다. 중국 대륙에서 가장 장수한 왕조인 송나라가 319년, 청나라와 명나라가 276년에 불과했다. 한 나라가 일어나 자리를 잡는데 100년, 성장하는 데 100년, 그리고 몰락하는데 100년 정도가 걸렸다고 볼 수 있다.

각 왕조들은 제대로 된 왕을 세우기 위해 후계자에게 엄청난 제왕 교육을 시켰다. '제왕 교육'은 리더십을 가르치는 것이다. 나라의 운영과 용인술, 선왕들의 경험과 법률 제정, 군사학, 미래의 제왕으로서 가져야 할 인격과 품위 교육까지 '왕'의 틀을 잡기 위한 전인교육이었다. 현대의 교육 시스템은 지식 중심이지 리더십을 구체적으로 가르치지는 않는다. '알아야 면장이라도 한다'는 말이 있다. 무슨 일이든 그 일을 하려면 그에 관련된 학식이나 실력을 갖추고 있어야 한다는 의미이다. 공교육 시스템 안에서 적극적인 '리더십' 교육이 미비한 대신 각 커뮤니티들은 미래의 커뮤니티 '리더'를 길러내기 위한 커뮤니티만의 교육체계를 가지고 있다.

소수 커뮤니티의 '작은 리더'들이 미국 주류 사회 속에서 명실상부한 '리더'로서 힘을 발휘하는 일은 그냥 되는 것이 아니다. '제왕'의 자리가 그저 얻어지고 유지되는 것이 아닌 것과 마찬가지이다. 시민참여센터가 '풀뿌리 인턴십'을 통해 한인 커뮤니티의 다음 세대들에게 심어주고자 하는 것도 바로 이런 '리더십'이다. 특히 커뮤니티의 정치력을 확장시키기 위한 활동에 주력하며 학교에서는 배우기 힘든 한인 역사와 타 인종 커뮤니티의 역사를 배우고 미국 사회 안에서 지도력을 발휘할 수 있는 법을 터득하는 데 초점을 모으고 있어 풀뿌리 인턴십 경험에 대한 회사나 기관의 문의가 매년 쇄도하고 있다. 그러나 이런 '제왕의 교육'이 실제로 가장 먼저 시작되는 곳은 잘 짜인 프로그램을 운영하는 단체나 스페셜 코스를 운영하는 교육기관도 아닌, 바로 '방구석'이다.

'밥상머리 교육'이라는 말이 있다. 가족들이 오순도순 둘러

앉아 밥을 먹는 밥상은 사랑과 가르침이 혼재하는 교육의 장소다. 자라나는 아이들은 밥상머리 너머로 어른들의 이야기에 귀를 기울이고 대화를 나누며 삶의 경험과 지혜를 전수받고 예의범절을 배운다. 시대의 규범과 공동체의 목표를 각 세대가 공유하는 가장 일차적인 '대물림'의 장이 되는 셈이다.

미국 학교에서 아시아계 학생들의 발표력과 토론이 부족하다는 이야기를 많이 듣는다. 일반적으로 미국 학생들은 비록 학교 성적이 시원치 않아도 자신의 생각을 발표하고 사회적인 이슈에 대해 나름대로의 관점을 가지고 자신의 의견을 표현하는 데 주저함이 없는 편이다. 그 이유가 뭔지 찾아보면 아침에 부모님과 식사를 할 때 조간신문을 보고 부모님이 서로 정치사회적 문제에 대해 서로의 생각을 나누는 것을 일상적으로 보고 들었기 때문이라고 한다.

밥상머리 교육은 시대와 세대를 막론하고 여전히 교육의 근본이다. 미국의 교육 시스템 속에서 자라나는 아이들에게 '코리안 아메리칸'으로서의 정체성을 심어주고 공동체에 대한 이해를 높여주기 위해서는 밥상머리 교육의 활용이 중요하다. 사랑하는 다음 세대에게 '부'를 물려주기 위해서 사는 것이 목표가 되어서는 안 될 것이다. 이민자로 살아온 1세대들에게 소수계로 살아갈 다음 세대에게 물려줄 수 있는 최고의 유산은 '부'가 아

5월 아시안 문화유산의 달 기념행사
아시안 문화유산의 달을 맞아 시민참여센터와 아시안 변호사 협회를 비롯한 8개 단체들이 뉴하이드 파크 클린턴 마틴 공원에 있는 회의실에서 법원을 비롯한 공공영역에서 활동하는 아시안 아메리칸 패널들과 대화의 시간을 가졌다. 시민참여센터 이사장 알렉스 문 변호사 사회로 진행된 이날 행사에서 이민자 가정에서의 성장 과정과 더불어 왜 변호사, 판사, 검사, 정치인과 같은 공공영역에서 활동을 하게 되었는지에 대한 패널들의 허심탄회한 이야기와 함께 참석한 청소년들의 질의 시간이 이어졌다. 스테튼 아일랜드의 리치몬드 카운티에서 Immigrant Affairs Unit Chief 와 Diversity Officer Chief로 활동하고 있는 박은아 검사는 어렸을 때 법정에서 영어 때문에 어려움을 겪는 부모님을 위해 직접 통역에 나섰던 것이 법대 진학의 계기가 되었다고 했다.
이날 참석한 패널들은 저마다 성장 과정에서 환경의 제약을 극복해야 했던 경험들을 토로하며 교육에 있어 부모의 역할이 매우 중요한데 미국 사회에 대해 잘 모르는 부모들이 많아 손해를 보는 경우가 많다며 아시안 청소년들의 자원봉사, 인턴십 지원 확대와 학교에서 하는 퍼블릭 스피치 교육에 적극적으로 참여할 것을 당부했다.

니라 정치력이 되어야 한다. 미주 한인들에게는 우리의 미래를 위해 어떤 공동의 목표를 세우고 어떻게 함께할 것인가에 대한 커뮤니티 차원의 목표 공유가 절실하다. 그리고 세대와 세대가 이를 함께 공유해야 한다. 그것을 가장 기본에 충실하게 해줄 곳이 바로 밥상머리이다.

뉴올리언스의 한인 커뮤니티에 초청을 받아 '미주 한인 사회의 정치력 신장과 차세대 준비'에 대해 강연을 하러 간 적이 있었다. 그 자리에 모인 많은 한인들이 미래를 위해 무엇을 해야 하고 무엇을 준비해야 할지 너무나 막막했다고 털어놓았다. '8080' 목표를 달성하고 미국 사회 속에서 인정받고 존경받는 커뮤니티가 되어 그 힘을 바탕으로 한국과 미국 양쪽 모두에서 인정받는 '코리안 아메리칸'이 되면 된다. 그 출발점을 만드는 것은 1세대의 몫이다. 1세대부터 목표를 명확히 하고 실천에 나서야 한다. 다음 세대에게 '밥상머리'를 통한 '공유' 없이 시간이 무작정 흘러 1세대들이 사라지고 나면 커뮤니티의 강화와 발전은 더욱 요원한 일이 되어 버리고 만다.

2020년 인구조사 이후 미국에서 태어난 한국계, 한국에서 온 한국계를 봤을 때 미국에서 태어난 한국계 인구가 훨씬 더 많아지고 있는 것으로 나타났다. 1세대들이 점점 퇴진하는 자리에 새로운 세대들이 한인 커뮤니티를 책임져야 하는 상황이 되고 있다는 뜻이다. 그러니 다음 세대가 미국 사회에서 한국계 미국인으로서의 정체성을 유지하며 어떻게 영향력을 미칠 수 있을지가 관건이다. 이제 커뮤니티의 중심은 젊은 세대가 되어야 한다. 이들을 더 많이 조직하고 이중 언어 교육과 한국어 지원 서비스 등을 더 확대할 수 있도록 지방 정부에 요구하는 노력이 필요하다.

'정치 참여'에 대한 독려도 '방구석'이 시작이다. 한류의 세계화와 함께 미국 내 한국 커뮤니티의 문화적 위상은 눈에 띄게 높아졌지만 정치적 영향력은 여전히 제한적이다. 특히 세대별로 정치 참여도가 뚜렷하게 달라지는데, 가장 걱정되는 부분은 젊은 세대로 갈수록 참여도가 낮아지고 있는 현상이 고착화되고 있다는 점이다.

2024년 대통령선거에서 한인 투표율은 약 54%로 아시아계 평균보다 낮았다. 특히 18~29세의 젊은 한인 유권자 참여율은 30%에 그쳤다. 이 수치는 단순한 숫자를 넘어 한인 커뮤니티의 장기적인 정치력의 부재를 예고하는 것이다. 젊은 세대의 참여 없이는 미래의 정책 결정 과정에서 한인 커뮤니티의 이익이 반영될 가능성이 대폭 줄어들게 된다. 게다가 젊은 세대의 정치적 침묵은 커뮤니티 내 세대 단절로 이어진다. 1세대 중심으로 형성되어져 있는 정체성과 모국에 대한 디아스포라 정신이 미래 세대들에게 계승되고 발전 되어지지 못한다면 한인 사회의 20년, 30년 후를 아무도 장담할 수 없다.

2세대가 됐든 3세대, 4세대가 됐든 우리는 우리가 어디에서부터 왔는지에 대해 절대 자유로워질 수 없다. 미국 사회 속에서 '미국인'으로 살아간다고 해서 코리안 아메리칸으로서의 정체성이 우리의 삶에 영향을 미치지 않을 것이라고 자신 있게 얘기할 수 있는 사람은 아무도 없을 것이다. 한인 사회의 미래를 위해 1세대들이 앞장서서 민족 공동체 유지와 발전의 중요성을 깨닫고 정치력 신장을 위한 유권자 등록과 투표 참여운동에 솔선수범하여 참여해야 한다. 다음 세대에게 과연 무엇을 물려줄 것인가. 치열하게 살아온 이민 1세대의 '가장 위대한 유산'이 무엇이 되어야 할 것인가에 대해 다시 한 번 진지하게 고민을 해야 할 때다.

'한인 커뮤니티 센터'가 필요하다

폭동 이후 '미국에서 동등한 대우를 받는 커뮤니티'라는 새로운 목표를 위해 달려온 시간이 벌써 30년이다. 그 사이 한인 커뮤니티도 많은 변화를 겪었다. 유권자 등록과 투표 참여 캠페인을 꾸준히 쉬지 않고 펼친 결과, 한인 유권자 수와 투표율도 눈에 띄게 달라졌고, 시민 참여를 위한 타운홀 미팅이 뉴욕과 뉴저지에서 매년 열리고 있다. 주 정치인, 시 정치인, 연방 정치인들까지 모인 자리에서 한인 단체들이 지역의 현안을 놓고 우리의 입장을 직접 전달하고 법안으로 추진하는 자리다. 이를 통해 뉴저지 네일 협회는 서류 미비자들도 네일케어 시험을 볼 수 있도록 하는 입법 활동을 시작했고 그 결과 변호사, 회계사, 의사, 미용사 등의 전문직과 기술직도 시험만 통과하면 자격증을 받

뉴올리언즈 초청 강연회
김형길 주 휴스턴 총영사도 함께 참석했다.

을 수 있게 되었다.

지난 2014년부터 한인들이 밀집해서 사는 여러 도시에서 초청을 받아 유권자 등록과 투표 참여, 그리고 풀뿌리 운동에 대해 설명하는 강연회를 수차례 해오며 시카고, 휴스턴, 달라스, 포트워스, 오스틴, LA, 시애틀, 오클라호마 등의 한인회를 방문했다. 그리고 나서 이제 한인 커뮤니티에 필요한 것은 커뮤니티 센터라는 결론에 이르게 됐다. 커뮤니티 센터는 공동체 구성원이 그룹 활동, 사회적 지원, 공공 정보 및 기타 목적을 위해 모이는 공공장소를 의미한다. 이 커뮤니티를 가장 적극적으로, 그리고 가장 잘 활용하고 있는 것이 바로 유대인 커뮤니티다.

미국 각 지역의 유대인 커뮤니티 센터는 유대인 커뮤니티의 가장 중요한 뿌리이다. 커뮤니티를 위한 정체성 교육과 온갖 다양한 프로그램을 진행하면서 연방정부와 주, 시로부터 막대한 지원금을 받는다. 이곳을 통해 수많은 유대인 청소년들이 매년 이스라엘을 방문하고 또 여름이면 뉴욕의 캣츠킬에서 열리는 전국 유대인 청소년 캠프 참여를 독려한다. 우리에게도 커뮤니티의 구심점 역할을 해줄 이런 커뮤니티 센터가 있어야 한다.

커뮤니티 센터라는 물리적 공간을 통해 1세대와 미래 세대가 함께 모일 수 있는 기회를 만들어간다면 눈에 보이지 않는 막연한 '한인 공동체'라는 개념을 심어주는 것이 아니라 손에

휴스턴 현직 한인회장단 협의회 초대로 행사에 참석하여 70~80년대 이민을 온 1세대가 커뮤니티의 초석을 다졌고 92년 LA 폭동으로 1.5세대들이 기둥을 세웠으니, 이제 커뮤니티를 제대로 일으켜 세울 때라고 강조했다.

잡히는 '커뮤니티'를 물려줄 수 있을 것이다. 소셜 서비스, 커뮤니티 권익 증진, 결혼식부터 장례식까지 그리고 이를 통해 한인들뿐 아니라 한국어 교실, 한국 음식 쿠킹 클래스 등 지역 주민들이 다함께 참여할 수 있는 이벤트를 열어 한인 커뮤니티에 대한 새로운 인식을 심어주는 계기를 마련할 수도 있다. 이렇게 지역에서 커뮤니티의 인지도를 높이다 보면 정치인들의 관심도 자연스럽게 따라온다. 더불어 커뮤니티 센터가 미국과 한국을 연결하는 중요한 거점이 되게 할 수 있다. 이렇게 지역에서 커뮤니티의 인지도를 높이다 보면 정치인들의 관심도 자연스럽게 따라온다.

각 지역의 한인회들이 나서서 커뮤니티 센터의 건립을 주도하고 한인 비영리 단체들이 협력하여 기금 마련에 나선다면 한인 커뮤니티 센터의 탄생이 그저 꿈같은 이야기만은 아닐 것이다. 이를 위해서는 한인 커뮤니티 전체가 센터의 필요성에 대해 공감해야만 한다. 동포 사회가 한마음이 되어 움직여야 정부 지원금이든 기업의 지원금이든 이끌어낼 수 있다. 준비 과정에서부터 몇몇 단체나 개인의 책임감에 기대는 것이 아닌 동포 사회 전체의 미래지향적 자산이라는 인식을 전제로 모두가 참여해야 성공의 길로 갈 수 있다.

결국 미국 사회에서 소수계인 한인 커뮤니티가 당당히 우리의 권리를 주장하며 살아갈 수 있기 위한 핵심은 '참여'다. 한인 커뮤니티에 소속감을 가지고 로컬 정치든 커뮤니티 활동이든 적극적으로 참여해야 한다. 참여하는 사람이 주인이고 멀찍이 뒷짐을 지고 구경만 하는 사람은 손님일 뿐이다. 미국의 제16대 대통령 링컨의 연설 가운데 '투표Ballot는 총알Bullet보다 강하다'라는 구절이 있다. 민주주의 국가에서 권력은 총 끝이 아니라 유권자의 손끝에서 나오는 것이다. 코리안 아메리칸으로 우리가 뿌리를 내리고 살아가는 이 땅의 '주인' 행세를 제대로 해보자. 지난 30년 간 시민참여센터를 이끌어오며 '불가능'해 보였던 일이 결국 '좌절'로 끝났던 적은 한 번도 없었다. 아직 8080

은 갈 길이 아득한 '꿈의 숫자'로 남아 있지만 오늘도 나를 일으켜 사람들 사이로 나아가 '참여'를 부르짖게 만드는 것은 언젠가 '그날'은 올 것이라는 믿음이다.

김동찬

- 건국대학교 화학공학과 학사
- 대건고등학교 졸업

- 시민참여센터(KACE) 대표
- 2020 뉴욕·뉴저지 한인 인구조사 추진위원회 공동사무국장
- 뉴욕·뉴저지 한인봉사단체 협의회 회장
- 퀸즈한인회 이사장
- 한인유권자센터(현 시민참여센터) 설립자 겸 사무총장
- 2010 뉴욕·뉴저지 한인 인구조사 추진위원회 사무국장
- 뉴욕한인회 정치력 신장 위원회 위원장
- 2000 뉴욕·뉴저지 한인 인구조사 추진위원회 홍보위원장

- Politics NY 선정 아시아태평양계 영향력 있는 인물(2025)
- 대한민국 대통령 국민훈장 목련장(2019)
- 뉴욕시 감사원장 스캇 스트링거 선정 음력설 기념 수상자(2016)
- 아시안여성기독교협회(AWCA) 지역공동체 봉사상(2016)
- 뉴욕시립대학교 퀸즈보로 커뮤니티 칼리지 올해의 지역공동체 파트너상(2013)
- 뉴욕한인회 선정 올해의 한인상(2010)

적분의 힘
ⓒ 김동찬, 2025

초판 1쇄 인쇄일 | 2025년 8월 7일
초판 1쇄 발행일 | 2025년 8월 20일

지은이 | 김동찬
펴낸이 | 사태희
엮은이 | 김미나
편　집 | 정현주 · 책임편집 | 박선규
디자인 | 김경미
마케팅 | 장민영
제　작 | 이승욱 이대성

펴낸곳 | (주)특별한책
출판등록 | 제2018-000085호
주　소 | 08505 서울특별시 금천구 가산디지털2로 101 한라원앤원타워 B동 1503호
전　화 | 02-3273-7878
팩　스 | 0505-832-0042
e-mail | info@specialbooks.co.kr
ISBN | 979-11-6703-170-9 (03340)

잘못된 책은 교환해 드립니다.
저자와의 협의하에 인지는 붙이지 않습니다.
저작권법에 의하여 보호를 받는 저작물이므로 무단 전재와 복제를 금합니다.